L'edicola di Marescoop

Illustrazioni di Marina Ioppolo

Copyright 2010 © Marcello Toja

Marcello Toja

Capitan Brick

storie di cani abbandonati

INDICE

PARTE SECONDA

PREFAZIONE
DELL'AUTORE

Vivere con i cani mi ha messo in contatto con un mondo molto diverso da quello degli umani.

I cani sono dei sensitivi, comprendono molte cose che non vedono e non annusano, ma come tutti i sensitivi non sempre utilizzano la loro dote naturale.

Un cane per vivere felice deve solo avere un punto di riferimento; più questo punto di riferimento è forte e chiaro nelle sue intenzioni e pretese, più il cane è sereno.

In mancanza dell'uomo il punto di riferimento è il cane dominante del gruppo, normalmente una femmina.

In presenza dell'uomo, se è un buon "padrone" la scala gerarchica parte da lui e nel caso i suoi cani siano più di uno, dovrà adeguarsi alla scala gerarchica che loro hanno scelto.

La deposizione delle ciotole dovrà essere eseguita in ordine decrescente, prima al dominante e poi via via a tutti gli altri.

Noterete più volte che i cani sono istintivamente dei "cortigiani" abbaiano per farsi belli con il loro referente e/o con la femmina dominante.

Un maschio portato al guinzaglio da solo è meno aggressivo (nei confronti degli altri cani) di quando passeggia con la femmina dominante.

Trovato il "capo" che può essere il padrone, devono risolvere il problema del cibo.

Il resto è tutto amore. Sono angeli incompresi che si affiancano all'uomo e gli donano un amore unico.

Certo, sporcano, cambiano il pelo, ma che cosa importa se quando sei solo e li guardi vedi nei loro occhi l'immensità dell'amore, e la purezza di chi non conosce il peccato e/o la colpa.

Loro ti ameranno fino all'ultimo minuto secondo della loro vita. Ho visto morire più di un cane fra le braccia del padrone e l'ultimo sguardo è indimenticabile.

Tutta la vita mi porterò nel cuore l'ultimo sguardo di RUM, mentre lo lasciavo dal veterinario per andare al salone della subacquea; era il 2001! Quello sguardo mi disse, in un milionesimo di secondo:" ma sei sicuro che qui mi guariranno?" Io distolsi lo sguardo, pavido uomo legato al mondo degli affari, vile traditore di quell'anima angelica.

Tornai due ore dopo che era morto e accarezzai il suo pelo con la spazzola dei miei capelli. Ferito per sempre nel cuore. Non c'è modo di spiegare agli altri ciò che lascia l'amore di un cane, ma io so che non vivrò mai più senza un cane e spero di essere sepellito con l'ultimo per non lasciarlo solo.

Abbandonare i cani è un gesto abominevole.

È SCONVOLGERE UN ANGELO.

Lascereste un bambino di 5 anni da solo in autostrada? Ebbene lui è questo un bambino di cinque anni per tutta la vita, MA È PIÙ PURO.

Non esistono cani cattivi, esistono cani diversi.

Nessun cane è uguale ad un altro e molto del suo carattere si forma nei primi sei, dodici mesi. Se il capo di riferimento è cattivo può diventarlo anche lui.

Molta della apparente cattiveria è comunque determinata dalla sua insicurezza e dalla paura.

Molti cani abbaiano solo per paura. Il cane protagonista di questa storia si chiama Brick la vidi in una mattina qualunque del mese di febbraio del 1996 o novantasette, non ricordo più. Stavo andando al supermercato di Figline Valdarno con la mia Range Rover.

Fissai lo sguardo su quella cagnetta che girava intorno ad una Fiat Panda di colore rosso, mentre l'uomo vicino a lei fingeva di non vederla. Mi parve che Capitan Brick facesse di tutto per farsi notare da quell'uomo, come se stesse cercando un padrone.

Alla sera rientrando, mi si stagliò davati alla luce dei fari la sagoma di un cagnolino. Era lei, all'appuntamento con il destino.

Lasciai la macchina nel parcheggio a fianco alla casa dove abitavamo al Poggio alla Croce, una piccola frazione in cima ad una collina della Valdarno.

Mi inoltrai nel bosco al buio, non vedevo nulla e calzavo un paio di stivali messicani.

Nel buio più assoluto dissi:"Brick, vieni, su..." non chiedetemi perché dissi Brick fa parte della magia di queste storie, poi ripetei "Capitan Brick, vieni da me"...

Stetti in silenzio ad ascoltare i rumori del bosco, poi impercettibile sentii uno zampettio.

Si affiancò ai miei piedi e da quel momento non mi lasciò mai più. Non vedevo nulla ma la sentivo, presi a camminare verso le luci del Poggio.

Mentre sto scrivendo, questa prefazione, il 23 maggio del 2010 lei è ancora qui, con il capino appoggiato alla mia gamba.

Ancora ci trasmettiamo calore, dolcezza e amore.

Mi ha restituito centomilavolte quanto io le ho dato e il nostro amore non finirà MAI. Resterà in questo libro per nutrire quelli che ci seguiranno sul luminoso sentiero della verità.

*   *   *

LA DEDICA

Questo libro è dedicato ad una piccola cagnolina meticcia, abbandonata dagli uomini dopo un malriuscito tentativo di toglierla dal mondo eseguito da alcuni irresponsabili bambini, che non soddisfatti della loro opera l'hanno abbandonta legata ad un albero in un immenso bosco di castagni, con una corda di canapa, quella normalmente utilizzata dagli idraulici. Capitan Brick si liberò da quella prigione sfregando per giorni la canapa ed il suo collo contro la corteccia del castagno. Una volta libera prese a dormire nella terra calda e in fermetazione del sottobosco, alimentandosi con castagne crude e bevendo pochissima acqua, abitudine che manterrà per il resto della sua vita.

Questo libro è anche dedicato ad un grande cane: "RUM", un bovaro del bernese che accolse Capitan Brick cedendole la sua ciotola.

Nel momento in cui scrivo questa dedica Capitan Brick è ancora viva anche se un po' sorda e un po' miope ed ha circa 15 anni.

Rhum invece è morto nove anni fa ed è stato sepolto dallo scrivente in cima ad un montagna che sovrasta la Valdarno in un punto dove tutte le sere d'estate tramonta il sole, accompagnando la cerimonia con le note di un flauto indiano, ricavato da una canna di bambù.

Il resto di questa storia è scritta in questo libro, iniziato il primo di gennaio del 1999 e rimasto a dormire in un cassetto in attesa che venisse il suo tempo.

PARTE PRIMA

Gli uomini non si sono mai occupati dei fenomeni come un alito di vento perché ci sono cose più importanti a cui pensare! Eppure questo piccolo turbamento dell'atmosfera ha il suo peso nella vita di tutti. Contrariamente al vento, che arriva da una direzione precisa originato da un'area di bassa pressione isobarica, l'alito di vento sembra uscire da un'altra dimensione, in un punto poco distante da noi, per rientrarci poco dopo senza lasciare traccia.

In verità, la quantità di cose che riesce a fare in quella breve esistenza è stupefacen-te: induce a "cantare" i pioppi, che agitano le loro foglie in modo quasi ipnotico, riuscendo a rilassarci nel profondo dell'anima e producendo un'atmosfera magica; accarezza la pelle provocando brividi di piacere; arruffa le piccole piume degli uccelli; s'insinua sotto il pelo degli animali portando frescura in quelle zone che molte volte sono la residenza permanente di piccoli parassiti; porta sollievo agli ammalati; dà energia a chi lavora e, incredibilmente, suona!

Proprio così, un alito di vento riesce a suonare dolci melodie, facendo muovere quei pendagli d'osso o di ceramica, appesi alle porte di alcune case speciali. Sono sempre abitazioni accoglienti dove assieme agli uomini svernano anche gli gnomi del bosco... altrimenti non ci sarebbero quei pendagli sulla porta!

E poi, se quanto sopra non bastasse, proprio un alito di vento è il protagonista che dà inizio alla nostra storia, tanto vera quanto incredibile, state a sentire...

PRIMO CAPITOLO

C'era una volta... in una mattina qualunque di uno dei cento anni del XX secolo... un alito di vento, che penetrando fra le fronde di un bosco disteso a perdita d'occhio fra dolci colline, attraversò agitandoli i rami di una *roverella* e le foglie di un *corbezzolo*. S'infilò fra i rami più bassi d'una siepe di *biancospino*, fino a lambire una foglia di *ciavardello* che nel corso della notte s'era arricchita di tanta rugiada al punto d'averne in esubero.

Fu a causa di ciò che si produsse una grande goccia d'acqua, che rotolò fino al bordo della foglia, per poi cadere sul nasino nero e umido di «Capitan Brick», svegliandola.

Il capitano era una cagnetta meticcia di appena undici mesi, con il pelo biondo e una grande macchia bianca sul petto.

Tutto si poteva dire di quel "batuffolo", meno che fosse perfetta; anzi, era la cosa più imperfetta che si aggirasse in quel bosco.

Asimmetrica, questa era la definizione che più le si addiceva:

il muso era diviso in due parti diverse fra loro, a destra un occhio normalmente aperto che ti guardava con espressioni molto variabili, a volte preoccupanti, altre allucinanti; a sinistra un occhio più piccolo e quasi cieco, risultato di una serie di terribili bastonate che le erano state inflitte nel primo maldestro tentativo degli uomini di toglierla dal mondo.

Anche la bocca da quel lato era diversa a causa delle botte: la linea del labbro appariva spezzata conferendole un'aria molto aggressiva, quasi cattiva. Dall'altro lato, invece, il muso esprimeva tutta la dolcezza insita nel suo animo.

Le zampe anteriori, cresciute nel digiuno e nella carenza vitaminica, erano... storte e fragili e in particolare la sinistra guardava più in fuori della destra, fortunatamente e forse per una legge di compensazione, le zampe posteriori erano un'espressione di vera potenza. Piazzate al termine di due possenti, anche se corte coscette muscolose, erano in grado di spingere Capitan Brick alla fantastica velocità di una lepre e, come il fugace animale, di farle compiere balzi incredibili.

Nessun cinghiale al mondo sarebbe mai riuscito a bucarle la pelle con i suoi incisivi affilati, nessun lupo sarebbe mai stato in grado (almeno lei sperava) di catturarla.

Questa, se non altro, era la prima impressione che faceva a chi la vedeva correre nella macchia boschiva.

Tutte e quattro le zampette finivano in una sorta di scarpetta bianca che le dava un tono da cane di razza, arricchito da una coda portata sempre eretta a formare un cerchio quasi perfetto appoggiandosi al dorso, una postura che lasciava completamente scoperto il culetto. Una fiera impostazione simile a quella dei nobili *beagle*, cani da caccia inglesi, dei quali il capitano possedeva molte doti.

Per concludere questa sommaria descrizione, sulla punta della coda faceva spicco una manciata di peli bianchi che conferivano al posteriore un portamento a tratti quasi regale.

Capitan Brick camminava sculettando, ed era considerata da tutti i maschietti che vivevano come lei delle risorse del bosco... una vera bellezza.

Insomma, riusciva ad essere sempre diversa: in alcune occasioni pareva il cane più brutto del mondo, in altre il più bello. Quanto alla vista, c'era ben poco da spendere.

L'occhio più piccolo vedeva poco o nulla, parzialmente accecato da una bastonata più forte delle altre, mentre l'occhio destro aveva una visione monocromatica ai bordi, con una leggera colorazione tipo vecchia fotografia color seppia al centro.

Il capitano, come tutti gli altri cani, non avrebbe mai goduto della suggestiva tinta verde rosata che ammantava tutta la valle in occasione dell'alba.

Tornando alla nostra goccia di rugiada, cadde scivolando su quella parte tanto sensibile del suo corpo come il nasino nero e le fece aprire di botto tutti e due gli occhi. La prima cosa che vide a pochi centimetri di distanza dal suo muso, fu quello di Parcifal, un vecchio Shetland Sheepdog dagli occhi tristi. Da quando l' animale era stato abbandonato dai suoi padroni a causa di un'improvvisa partenza, non sapeva più che cosa fosse la felicità. Non aveva più scodinzolato, non aveva più abbaiato gioiosamente davanti all'uscio, e guardava in continuazione l'orizzonte per ore, nella speranza di veder tornare i suoi amati padroni.

Il naso di Parcifal sbruffò forte, una sorta di starnuto che mosse le paglie secche e le foglie che ricoprivano il terriccio in quel punto.

«Salve Capitano e buon giorno» disse il cane, sempre tenendo il muso appoggiato al suolo con la sua tipica espressione sconsolata.

«Sono tutta rattrappita e intorpidita dal freddo» rispose la cagnetta, alzandosi e stirandosi voluttuosamente con un inchino.

«Ehi, che si dice da quelle parti?» la voce era quella di un piccolo Cavalier King Charles Spaniel, detto per comodità CKCS, pronunciato *cicappaciesse* da tutti i componenti del branco.

«Miserie da cani poveri e abbandonati» rispose Capitan Brick, che come tutte le mattine stava assolvendo il compito di dare la sveglia ai componenti del gruppo, sempre sonnacchiosi e recalcitranti ad abbandonare i loro improvvisati giacigli di foglie secche.

La cagnetta si avvicinò alla «coppia del secolo», così almeno li chiamava scherzosamente il capitano: una magrissima e tremolante Sloughi Azawakh detta Saza e un aristocratico Borzoi, sufficientemente impuri da produrne l'abbandono alla prima tornata di ferie estive.

Il giovane maschio, detto Zar, non si era mai più ripreso dal trauma prodotto dalla perdita dei padroni e la sua cara compagna Saza, aveva dovuto convincerlo con fiumi di parole che non valeva la pena di lasciarsi morire d'inedia.

Grazie a lei Zar aveva ripreso ad alimentarsi e i lunghi mesi passati a lottare contro la sua grave anoressia, lo avevano segnato, ma anche unito per sempre alla sua Saza.

I due cani si alzarono in piedi spintonati dal muso di Capitan Brick, offrendo uno spettacolo di miseria e fame, quale solo una cagna da corsa originaria del sud del Sahara e un Borzoi possono offrire all'occasionale spettatore.

L'effetto «disperazione» era accentuato da un tremito convulso che faceva parte della loro natura, ma che in quel momento era ampliato dal freddo della notte e dalla fame, che in quei momenti tormentava tutto il gruppo.

«Che succede? - esclamò Saza stirandosi in tutta la sua lunghezza - è già ora di lavorare?».

«A meno che non vogliate dormire tutto il giorno», rispose il capitano annusando il lungo tartufone (il naso) di Zar che la guardava con curiosità.

«Buon giorno mondo!» la voce argentina arrivava da «Scott», un piccolo Scottish Terrier tutto nero, fuggito dal padrone che l'aveva seviziato con ogni mezzo per anni, abbandonandolo poi per settimane legato a una lunga catena, senza acqua e senza cibo.

Fra tutti, Scott, che era anche il fidanzato occasionale del Capitano, era l'unico che non pativa della mancanza di un padrone, anzi, parole sue, avrebbe passato tutto il resto della vita il più lontano possibile dagli uomini!

L'ultimo a svegliarsi spintonato dal muso di Capitan Brick fu, come al solito, Buck, un vecchio cane lupo di Saarloos, sfortunatamente affetto da una serie interminabile di tumori maligni, che avevano già attaccato tutti gli organi principali e che erano stati all'origine del suo abbandono. Siete liberi di pensare che il suo padrone fosse un uomo impietoso e anche un po' crudele, ma dovete sapere che Buck lo amava ancora.

Il grosso lupo appena sveglio esordì con voce tonante:«Eccoci ancora qui, nonostante la presenza di Krarak signora della notte!».

Quelle poche parole dette da Buck quasi con indifferenza, ebbero il dono di far rabbrividire tutti dalla paura.

Un vento gelido spazzò la radura e ogni componente del gruppo materializzò nella propria mente la terribile visione dell'enorme pantera nera, non solo capace di spezzare le loro schiene con una sola zampata, ma anche di divorarli in pochi minuti.

«Krarak», detta così per il particolare suono del suo ruggito, aveva già ucciso e divorato molti dei cani che si aggiravano senza meta in quel bosco, se li avesse trovati non avrebbe risparmiato nemmeno loro.

Di questo erano certi, come della loro esistenza e di quella del sole.

Krarak, terrore della notte, poteva essere appostata a pochi metri di distanza sotto vento e nessuno se ne sarebbe accorto.

Naturalmente nessuno a parte Capitan Brick, che aveva fra le sue doti una qualità indispensabile per la salvezza di tutto il branco: era una sensitiva.

Vedeva anche attraverso le siepi più fitte e dietro gli ostacoli naturali.

Sentiva, più che vedere, grazie a un sensibilissimo "terzo occhio".

Capitan Brick era un piccolo sciamano... apprendista!

*   *   *

SECONDO CAPITOLO

L'UOMO DAGLI STIVALI MESSICANI

*F*inalmente il cartello che indicava il paesino montano, il Poggio!

L'uomo gettò lo sguardo sul suo piede, fasciato da uno stivale messicano con la punta aguzza e la tomaia arabescata da bassorilievi scavati nella pelle appoggiarsi alla leva del cambio della motocicletta e scalare la marcia. Contemporaneamente con la mano sinistra, accese l'indicatore di svolta a sinistra, per segnalare a quelli che venivano nel senso opposto la sua intenzione di attraversare la corsia per inserirsi nella stradina in salita che in pochi chilometri l'avrebbe portato a casa.

Il motore emise un ruggito amplificato dalle due grosse marmitte «drag pipe » a becco di flauto, completamente prive di silenziatore, che corredavano la parte posteriore della motocicletta; completamente fuori legge e assolutamente non omologate, o meglio custom, come era anche il resto degli accessori della motocicletta, nel migliore spirito dei *riders* o *one per centers* americani.

Così, oltre oceano, vengono chiamati quelli che sfrecciano su potenti motociclette «*chopper*» in mezzo al traffico o lungo le infinite carreteras dei deserti, con marmitte rombanti e manubri esageratamente alti e larghi.

L'uomo dagli stivali messicani non era mai stato in regola con niente. Non era mai riuscito ad avere tutti i documenti necessari per circolare senza andare incontro alle spiacevoli conseguenze di multe o verbali, ogni qualvolta veniva fermato dalla polizia per un semplice controllo.

Gli era risultato impossibile adattarsi alla disciplina o alle regole sociali, credeva a torto o a ragione...tutto quanto privo di senso!

Amava correre con il vento e, in alcuni casi, si era gettato con la sua motocicletta nella nebbia del fondovalle, respirandola a pieni polmoni e gustandone il sapore.

Cavalcava una Honda Shadow 600 a quattro marce con un fantastico motore a quattro tempi derivato dal modello *Transalpe*. Un propulsore estremamente affidabile, con una coppia elevata anche a bassi giri e in grado di arrampicarsi su qualsiasi montagna senza sforzo.

Particolare importante: non c'erano consumi né di olio né di liquido refrigerante ed era possibile fare anche seimila chilometri senza fare rabbocchi, a parte la benzina ovviamente, una tappa al distributore era indispensabile ogni 100 chilometri.

Consumava poco, circa 20 chilometri per ogni litro di benzina, ma il serbatoio a goccia era piccolo e rappresentava uno dei due unici difetti di quella motocicletta. L'altro era la frenata posteriore, con la ruota che si bloccava e, sul bagnato, provocava l'intraversamento di tutto il mezzo con il rischio di una rovinosa caduta.

Una due ruote ideale per chi volesse fare tanta strada, riducendo però il bagaglio al semplice cambio di biancheria.

Sul parafango anteriore della «Shadow» svettava una pesante testa d'aquila americana di peltro cromato che era costata una fortuna, ma slanciava tutto il mezzo conferendogli un aspetto autorevole, in aggiunta, sul serbatoio della benzina erano stati dipinti con l'aerografo alcuni "pellerossa" che montando a pelo dei cavalli attraversavano una distesa fredda e inospitale illuminata dalla luce della luna, trascinando slitte cariche di coperte e masserizie.

Pochi sapevano che quel disegno era il ricordo di una allucinazione che aveva colpito la mente dell'uomo dagli stivali messicani in una tragica notte, mentre a venti sotto zero, con quella motocicletta, tentava di raggiungere una città del Nord.

In quell'occasione aveva dato fondo a tutte le sue energie per evitare di morire assiderato ai bordi della strada, e in una stazione di servizio aveva stupito un barista assonnato versandosi ben quattordici cucchiaini di zucchero in un cappuccino!

La punta dello stivale si appoggiò ancora sulla leva del cambio e con un ruggito il motore passò in seconda marcia.

Vista dall'esterno la motocicletta di colore blu scuro, si presentava come il classico «chopper», non mancava nulla, nemmeno il manubrio largo e le pedaliere avanzate che costringevano il conducente a stare seduto nella tipica posizione eretta dei *riders* americani.

L'uomo indossava una giacca di pelle Avirex di quelle utilizzate dagli equipaggi dei bombardieri della seconda guerra mondiale e un casco blu, sul quale portava fissati da un elastico, un paio di grossi occhialoni corazzati simili a quelli dei piloti da caccia dei vecchi biplani, che calava sugli occhi solo quando lanciava la motocicletta a oltre cento chilometri all'ora. A quella velocità le lenti da sole graduate che utilizzava normalmente su una montatura leggera, non erano più in grado di fermare insetti o pietruzze che potevano mettere seriamente a rischio gli occhi del motociclista.

I pantaloni dell'uomo erano dei vecchi e consunti blue jeans "sfrangiati" al fondo e, dalle frange, spuntavano due stivali messicani «Don Quijote», originali, costantemente ingrassati, adorni da due file di borchie lucenti fissate con cinturini di cuoio simili a quelli che in epoche passate tenevano in posizione gli speroni. Gli stivali messicani erano per il motociclista una vera e propria passione.

Inclinando la motocicletta, l'uomo affrontò la svolta e dette gas sollevando la leva del cambio con la punta affusolata dello stivale che esclusivamente in quel punto mostrava i segni di una forte usura della tomaia.

Una prima curva molto larga portava a un rettilineo seguito da una serie di altre curve a serpentina, che imprimevano alla motocicletta un ritmo del tipo destra-sinistra-destra, poi l'uomo dagli stivali messicani rallentò a causa della «curva anomala». Su quel gomito era già caduto una volta, mettendo a rischio la sua incolumità e, fatto ancora più grave, quella della sua compagna che amava più di ogni altra cosa al mondo.

Quando «Lei» era sul sellino posteriore cantava sempre o in alternativa gridava nel vento: «Ti amo!!!» oppure «Che bello!!!».

In quel modo avevano attraversato tutta l'Europa, fino al suo più estremo lembo di terra ad Ovest: la punta dell'isola di Lewis, nelle Outer Ebridi. Là, dove un faro posto su un'irta scogliera, separava l'oceano Atlantico in due, come l'enorme prua di una nave in un mare perennemente in tempesta.

In quel luogo, quasi ai confini del mondo si erano fermati (anche perché era finita la strada) ansanti, infreddoliti, bagnati dalla testa ai piedi da una pioggia che da giorni li tormentava, felici come non erano mai stati. Incantati dall'aura primordiale ancora presente. Estasiati, mano nella mano, erano rimasti ad osservare numerose foche grigie che facevano capolino dalla superficie dell'acqua, rivolgendo loro delle occhiate curiose. Forse erano i primi due motociclisti che si affacciavano a quelle scogliere!

Un'altra curva più dolce e un lungo rettilineo riportarono l'uomo alla realtà del momento; dieci minuti e avrebbe raggiunto la sua famiglia: la giovane donna e il fedele "bovaro del bernese" detto Rum. Un soprannome che gli avevano affibbiato poiché il suo nome vero: Philou de la Pierrevoire era scomodo e troppo lungo.

Il grosso cane gli sarebbe corso incontro, come tutte le volte, simile a una locomotiva a vapore. L'effetto nello stretto e lungo corridoio che portava al loro piccolo giardino era devastante. Una specie di benvenuto rituale che molte volte l'aveva visto crollare a gambe per aria, mentre il cane si fermava solo alcuni metri oltre, spinto dall'impeto del suo amore, fin contro le sbarre di un pesante cancello di ferro. C'era poco da fare: Rum, uno dei cani meno cani del mondo (era più simile ad un orso), quando era felice diventava esuberante!

L'uomo dagli stivali messicani dette un'occhiata al contachilometri, per capire quanta autonomia aveva ancora prima di dover fare benzina e registrò nella sua mente il numero -sessantacinque chilometri-.

Purtroppo quell'attimo di distrazione rischiò di costargli caro, perché giusto in quell'istante, dietro l'ennesima curva comparve, come scaturito dal nulla, un intero branco di cani randagi.

L'uomo frenò bruscamente e la grossa ruota posteriore iniziò a sbandare verso destra bruciando il copertone sull'asfalto surriscaldato dal sole. Con un colpo di reni e mollando il freno posteriore riuscì a raddrizzare la motocicletta, poi fra una nuvola di fumo si arrestò ancora un po' di traverso rispetto al senso di marcia.

«Maledizione!» urlò all'indirizzo di quel branco di cani. Poi fu attratto dalla estrema varietà di razze che componeva quel branco e ancor più dalla determinazione degli stessi.

«Curioso - pensò -, sembra che vadano da qualche parte e con una certa fretta e ben conoscendo la loro destinazione. Non sembrano andare a zonzo come dei comuni cani randagi affamati».

Poi intravide alla testa del branco un batuffolo biondo che, per un attimo, si fermò a guardarlo. Fu un attimo brevissimo, pochi secondi dopo erano già lontani, inghiottiti dalla macchia boschiva.

L'uomo, che conosceva bene i cani e li amava, rimise in moto scuotendo la testa per il contrattempo e ripartì senza indugi verso casa, ma i suoi occhi erano attraversati da dubbi e pensieri. «Strano gruppo - mormorò muovendo le labbra dietro il pesante foulard che gli riparava la faccia dal vento - c'erano due levrieri, almeno un cane di razza pura. L'ho riconosciuto benissimo un... si ora ricordo, un nome curioso: Cavalier King Charles Spaniel... a questo punto siamo arrivati? - si domandò - ora abbandoniamo anche i cani da ricchi?».

Poi mormorò sempre parlando fra i denti: «Uno strano gruppo, proprio strano», mentre la motocicletta affrontava un rettilineo e lui ingranava la marcia più lunga, la quarta.

Pochi attimi dopo, aveva già archiviato quei pensieri nella memoria da conservare e "riconsiderare" appena possibile, tornando quindi a concentrarsi sulla strada. Stranamente, gli venne in mente il pelo di Rum. Era talmente morbido che sembrava di peluche e presto l'avrebbe accarezzato di nuovo. Soprattutto, avrebbe rivisto il dolce viso della donna che amava e che sapeva trasformare ogni suo ritorno, nonché ogni partenza, in un avvenimento unico.

Non si vedevano da quasi otto ore ed erano ambedue desiderosi d'interrompere la lontananza. Di questo l'uomo dagli stivali messicani era più che certo.

* * *

Terzo Capitolo
KRARAK

Scura come la notte scivolò silenziosa all'ombra delle querce una grande pantera nera. Krarak sapeva bene che gli occhi di quelli che stavano osservando il paesaggio illuminato da un sole accecante, sarebbero passati sul suo corpo senza vederla. Krarak sapeva come sfruttare ogni possibilità offerta dal bosco per mimetizzarsi e sovente si avvicinava talmente all'uomo da sentirne l'intenso odore nel vento.

La notte appena passata aveva banchettato con i resti di un piccolo cinghiale finito in una trappola.

Si sentiva sazia ma sapeva che presto avrebbe dovuto rimettersi in caccia per assicurarsi il pasto del giorno successivo. La sua fame era insaziabile e quel bosco una vera manna: decine di cani abbandonati si aggiravano senza meta, ed era sufficiente attenderli al varco, silenziosamente, pronta al balzo finale, per abbatterli con una sola micidiale zampata.

Durante il giorno Krarak passava il tempo a oziare, sovente si sdraiava al sole nei pressi delle cime collinari a molte ore di cammino dai centri abitati. Felice, si soffermava a guardare il cielo con i suoi verdi e gelidi occhi sognanti; a volte seguiva pigramente con lenti movimenti del muso il volo delle farfalle che si rincorrevano fra i fiori, oppure osservava le vipere, anch'esse amanti del calore del sole, immobili per ore sulle rocce calde, ma pronte a scomparire alla prima vibrazione.

Sempre più raramente la pantera veniva colta dalla malinconia per la sua terra lontana, ben conscia che senza un miracolo non l'avrebbe mai più rivista.

Ancora cucciolo, era stata catturata

nella giungla del Bangladesh e la sua esistenza si era snodata in modo molto insolito, almeno per una pantera.

"Prigioniera" per molti anni nel giardino di un ricco industriale, ben nutrita e vezzeggiata come poche altre creature al mondo, aveva imparato a convivere con l'uomo, rinunciando a tutta l'aggressività del suo istinto, anche se dentro di lei la voglia di libertà cresceva di anno in anno, tanto che quando il suo padrone morì, approfittò di un attimo di disattenzione dei parenti venuti al funerale, per infilarsi nell'apertura del cancello e scomparire... finalmente libera!

Purtroppo anche la libertà ha un prezzo e per un animale cresciuto in cattività, poteva essere estremamente alto.

Mesi di fame e di sconforto, l'avevano spinta sempre più verso Ovest, fino a quell'immenso bosco che si stendeva a perdita d'occhio nella valle dell'Arno. L'istinto aveva preso nuovamente il sopravvento sulle abitudini del passato e, sospinta dalla fame, si era rimessa a cacciare animali vivi; proprio come i suoi antenati. Aveva riscoperto il piacere della caccia, il fremito del momento dell'agguato, il sapore del sangue caldo delle sue vittime e come ogni predatore carnivoro che si rispetti, ne andava fiera.

Era diventata un feroce predatore, ma proprio in virtù delle sue qualità naturali, aveva iniziato a svolgere un importante ruolo equilibratore nel contesto di un bosco, che altrimenti si sarebbe riempito a dismisura di cinghiali e cani affamati. Situazioni, che in alcuni casi potevano risultare addirittura pericolose. In fondo Krarak, come tutte le pantere nere, mangiava solo i più vecchi e i più malati, abbreviando loro la sofferenza e selezionando le specie.

Normalmente le sue vittime non soffrivano. Una sola, velocissima, micidiale zampata rompeva la schiena della vittima e l'osso del collo.

Invano gli uomini l'avevano cercata con ogni mezzo. Non c'erano guide, elicotteri o cani specializzati, che potessero farla in barba a una pantera come Krarak.

Quante volte aveva osservato uomini e cani passare sotto l'albero dove se ne stava appollaiata da ore. Quante volte si era sottratta alle ricerche dal cielo, nascondendosi nell'ombra nera delle fronde!

In certe occasioni era stata così vicina dall' aggredire i cuccioli dell'uomo da poterli quasi toccare con la punta delle unghie, ma aveva saputo rinunciare e nessuno l'aveva più vista. Come un fantasma, per l'uomo moderno Krarak era ufficialmente scomparsa, e tutto questo, mentre nel suo nuovo regno stava seminando il terrore.

Era in marcia ormai da ore, quando annusò forte nel vento l'odore di cane. Si fermò a osservare le tracce sul terreno e vide i segni di parecchie zampette unghiate.

Doveva essere un branco e se lo era aveva certamente un capo. Krarak fu presa da una curiosità morbosa. Avrebbe ucciso il loro capo, li avrebbe dispersi e poi, ad uno a uno li avrebbe divorati tutti, magari uno per notte...

Nel pensare a queste cose non provava alcun rimorso. La grande ruota della vita, uccidere per mangiare e per non essere uccisi, tutto lì.

Se quei cani fossero stati sufficientemente forti l'avrebbero inseguita e uccisa a loro volta senza alcuna pietà e magari l'avrebbero anche sbranata.

La pantera strisciò silenziosa nella macchia in mezzo ai rovi, cercando di aprirsi un passaggio senza fare alcun rumore.

Verificò di essere contro vento per non essere annusata e finalmente riuscì a sporgersi su una radura più in basso, dove rimase stupita ad osservare il più buffo e per qualche verso penoso gruppo di cani che avesse mai visto.

C'era un lupo malaticcio, due levrieri magrissimi e tremanti, due "nanetti" uno nero e uno fulvo e al centro un "coso", piuttosto...sì, asimmetrico, dal pelo biondo, che grande quanto un grosso coniglio si dava le arie di essere il... capo.

Rimase ancora più stupita quando sentì quello che dicevano e per poco non scoppiò in una clamorosa risata, quando il lupo rivolgersi al "coso" lo chiamò... Capitano!

Poteva piombare su quel gruppo e fare una strage uccidendoli tutti in meno di dieci secondi.

Il pranzo del giorno era finalmente assicurato! Si alzò lievemente sulle zampe posteriori e si mise in tensione. Tutto il suo corpo fu preso dal tremito febbrile della caccia, era pronta al balzo.

* * *

QUARTO CAPITOLO
SALVATI DA TILLY

«**B**ene! - esclamò capitan Brick ad alta voce, spostando il peso da sinistra a destra, com'era solita fare - è venuto il momento di fare un piano per sbarazzarci di Krarak. Da più parti arrivano segnalazioni di cani aggrediti e fatti a pezzi durante la notte. Alcuni addirittura di giorno e in pieno sole. Quella pantera si è conquistata il bosco ed è diventata sfrontata, di questo passo diverrà non solo regina ma anche re. Purtroppo, però, amministrerà un regno vuoto perché noi saremo tutti finiti nella sua capace pancia».

La piccola meticcia, attese un attimo in silenzio per verificare l'effetto delle sue parole sullo sparuto gruppo di cani poi continuò: «Presi uno per uno, non abbiamo alcuna speranza di salvarci dai suoi artigli, anzi per la verità da soli avremmo la peggio anche con un semplice vecchio gatto. Insieme possiamo invece ribaltare le sorti del conflitto e abbattere il mostro!» - concluse spostando nuovamente il peso da una zampa all'altra.

«Tu a parole sembri sicura - intervenne Zar, il Borzoi costantemente pervaso da un tremito che lo faceva assomigliare a un affamato in fin di vita, - ma io ho una paura tremenda, se penso a una pantera nera e non sono affatto convinto che anche tutti insieme riusciremo a spaventarla» concluse con tono mesto e ben sapendo di non essere allineato con i desideri del capobranco.

«Effettivamente Zar ha ragione Capitano - sussurrò a bassa voce Saza, la Sloughi Azawakh che fino a quel momento era rimasta ferma e in silenzio - Krarak è terribile e in pochi minuti ci può sbaragliare, uccidendoci poi uno ad uno senza problemi» concluse, spostando lo sguardo sul suo magro compagno alla ricerca di un cenno di assenso, che un po' per il tremito, un po' per la paura non venne.

«A questo punto - esclamò Capitan Brick - prima di continuare vorrei conoscere l'opinione di tutti gli altri componenti di questa squadra»

«Io la penso come Saza e ho la stessa paura di Zar» disse CKCS.

«Anch'io» esclamò Parcifal

«A me sembrate tutti un po' pazzi - intervenne Buck rizzando le orecchie - e tu capitano ancora più degli altri se pensi di poter affrontare una pantera affamata»

«Senti, ragioniamo - intervenne Scott, il piccolo Scottish Terrier rivolto al Capitano - anche se abbaiamo tutti insieme e ci mettiamo a ringhiare come pazzi con tutti i denti scoperti, rischiamo di far ridere quella pantera, altro che spaventarla - e continuò, - hai un'idea di come si muovono velocemente quelle creature? Hai un'idea della forza che hanno nelle zampe quando colpiscono? E poi dove potremmo costringere un animale che si arrampica sugli alberi e può attendere per giorni che noi si finisca l'assedio, stremati dalla fame? Scott, mise talmente tanta enfasi nel dire queste ultime due frasi che gli tremarono tutti i baffi grigiastri sul muso.

«Vedo che non avete molta fiducia nella mia arte militare» disse con tono pacato Capitan Brick. Poi prese a camminare avanti e indietro, squadrando quella che lei considerava un'accozzaglia di cani che nemmeno con anni di addestramento avrebbe mai e poi mai assomigliato a una squadra di fanteria.

Poi continuò:«Eppure vi ho detto più volte che sono stata addestrata all'arte della guerra da un colonnello inglese in pensione, vi ho spiegato con fiumi di parole che per otto mesi della mia vita tutte le sere ho dovuto sorbirmi le pagine di "Della guerra" scritte dall'illustre von Klausewitz. E nonostante ciò, voi continuate a credere che io voglia mandarvi allo sss...baraglio contro una pantera nera?» disse queste ultime parole volutamente facendo sibilare la esse di sbaraglio. Poi si sedette sul treno posteriore e stette a guardare i suoi compagni con sguardo compassionevole. L'unico occhio funzionante del capitano emanava una luce intensa e una parte del bianco che circondava l'iride contribuiva a farle assumere un'espressione leggermente folle.

I membri del suo branco si erano intanto accucciati pazienti, sapevano che Capitan Brick stava per dare loro un'altra lezione di vita ed era proprio per questo che l'avevano scelta.

Fra i cani, a differenza che fra gli uomini, non esiste l'invidia. Il migliore del branco viene scelto con naturalezza e tutti gli altri lo assecondano al cento per cento, amandolo e ammirandolo.

«Cavallo pazzo! - esclamò la piccola cagnetta asimmetrica, facendo un'altra delle sue pause per leggere l'espressione sui musi dei suoi seguaci, poi continuò - useremo la tecnica di Cavallo Pazzo, un grande capo indiano che aveva studiato all'accademia di West Point. Il grande guerriero che sconfisse il Generale Custer e il suo settimo cavalleria nella valle del Little Big Horn».

«E quale sarebbe la famosa strategia di questo famoso Cavallo Pazzo?» chiese con una punta d'ironia Scott, che sbuffando nella terra con il naso appoggiato al suolo osservava il suo capitano con sincera ammirazione.

«Chiameremo a raccolta tutti i cani del bosco - rispose Brick - mettendoci a ululare in una notte di luna, poi ci divideremo in due squadre; un piccolo drappello guidato da Zar e da CKCS cercherà le tracce di Krarak e farà in modo di farsi seguire dalla pantera verso la grande gola del ponte di ferro. Il grosso delle forze, invece, guidato da me si disporrà a ventaglio alle sue spalle e quando sarà giunta nelle vicinanze della gola, inizierà ad abbaiare all'unisono.

La voce di centinaia di cani spaventerebbe qualsiasi pantera e poi nella valle, fortunatamente, non ci sono solo levrieri o bassotti come me» concluse guardando il fiero e consunto muso di Buck.

«Cercheremo di spingerla giù dal burrone - aggiunse la piccola cagnetta - non credo che sarà sufficiente a ucciderla, ma penso che la spaventerà al punto da farle cambiare aria per sempre!» A quel punto il capitano si accucciò e stette a guardare i suoi amici con aria interrogativa.

Capì subito che nella maggioranza di quegli occhi stava affiorando una luce di speranza, forse il mostro poteva essere battuto, forse con il loro capitano potevano farcela.

Fu Zar a rompere il silenzio:«C'è solo una parte del piano che non mi convince

- disse, quasi parlando a se stesso - quando siamo giunti nei pressi della gola, noi dell'avanguardia o meglio dire, esca, come facciamo a scappare?»

«Giusta osservazione - rispose pazientemente il Capitano - giunti in vista del dirupo ad un segnale di CKCS vi dividerete in due gruppi di egual numero, con una manovra a forbice rapidissima, un gruppo si muoverà a sinistra e l'altro a destra – qui giunta il capitano fece una pausa per lasciare il tempo a tutti di pensare, poi riprese - è importante il tempismo. Se la manovra viene fatta all'unisono, Krarak resterà un attimo perplessa. Anche le pantere innanzi ad una preda che si divide in due si confondono! - aggiunse Capitan Brick - sarà proprio in quel momento che inizieremo il «concerto» alle sue spalle. Tutto deve essere fatto con un tempismo perfetto e funzionerà. E' quasi esattamente quello che fecero gli indiani di Cavallo Pazzo. Se ha funzionato allora con quella iena di Custer funzionerà anche con la pantera – disse ancora con forza la piccola meticcia, - e poi io ho studiato strategia militare e Krarak no. Questo è un altro piccolo vantaggio da non sottovalutare! Dal momento che invece

Custer e Cavallo Pazzo avevano studiato tutti e due a West Point». Le ultime parole le terminò con una strana espressione sul muso, poi i membri del branco la videro trasformarsi e cominciare ad emettere un ringhio sordo, mentre tutto il pelo della schiena le si era rizzato.

Il loro capo branco si era trasformato in una sorta di drago e tutti scattarono in piedi, in allarme, cercando di capire da che parte veniva il pericolo.

In quell'attimo con il balzo di una gazzella saltò in mezzo a loro Tilly, una cagnetta bianca e nera più alta che lunga, con il corpo quasi dello stesso diametro delle zampe. Della dimensione di un grosso gatto, ma più leggera di un colomba.

Tilly, per la verità molto somigliante a un "American toy terrier", si era aggregata al gruppo da pochi giorni e quel pomeriggio aveva il compito di fare la guardia.

Tempo prima aveva perso la strada della fattoria dove abitava e si era unita a Capitan Brick, nella speranza che tutto il branco l'avrebbe aiutata a ritornare a casa.

Tilly era fantastica, un uomo poteva sollevarla da terra con una sola mano e senza alcuna fatica. Sapeva camminare con tale leggerezza da sfiorare solo i tronchi spezzati e l'humus del bosco, ed era capace di non lasciare alcuna traccia.

Qualcuno aveva azzardato addirittura che volasse, ma in quel momento avevano ben altro a cui pensare.

La piccola cagnetta si precipitò verso Capitan Brick e sussurrò una sola parola che fece rabbrividire tutti:«Krarak!», quindi si volse nella direzione in cui era appostata la famosa pantera anche soprannominata "la morte nera".

Il capitano capì in quel momento che cosa l'aveva spaventata, alzò lo sguardo e più che vederla l'intuì nella macchia, ferma e pronta al balzo.

«Signori, è tempo di mettere le ali ai piedi» esclamò con enfasi, poi partì nella direzione opposta subito seguita dal resto del branco.

* * *

QUINTO CAPITOLO

LA VITTIMA

*K*rarak si slanciò in avanti, pur accorgendosi che il vantaggio della sorpresa era andato perduto.

Avrebbe dovuto correre parecchio per assicurarsi almeno uno di quei cani. Saltavano come pazzi fra le fronde scartando a destra e sinistra e in molte occasioni la pantera rischiò d'infilarsi qualche ramo negli occhi.

La velocità era elevata e più che una buona vista occorreva un formidabile istinto e una notevole velocità di riflessi.

La cosa si protrasse per almeno due minuti, poi con stupore vide il cane lupo ultimo della fila voltarsi ad affrontarla, mentre il resto del branco si disperdeva in tutte le direzioni.

Krarak non era preparata a quello che stava accadendo, nessun cane l'aveva mai affrontata. Rimase impietrita a osservare l'animale che la fissava negli occhi senza alcuna paura e con il pelo arricciato sulla schiena, digrignando i denti con l'aria più feroce che avesse mai interpretato.

«E tu chi sei? – esclamò Krarak con un'espressione di stupore disegnata sul muso - quale cane può non aver paura di una pantera nera? – continuò con il sospetto nel tono della voce - non temi la forza dei miei artigli? Non sai che posso distruggerti con una sola zampata?»

«Può anche darsi che tu riesca a fare quello che dici – disse allora Buck, senza abbandonare la sua espressione aggressiva - ma non dimenticare che hai innanzi a te un lupo. Guarda le mie zanne bianche - e nel dirlo rovesciò ancora maggiormente il labbro superiore all'indietro - guarda come sono lunghe, sono pronte a conficcarsi nella tua gola se commetterai anche il più piccolo errore! Ed io sono Buck detto appunto... "Zanna Bianca"».

Dicendo queste parole Buck si abbassò verso il suolo, portò le orecchie all'indietro e con la coda fece capire alla pantera che era proto allo scontro. Dalla sua gola usciva un sordo mugolio, che non prometteva nulla di buono.

Un sentimento di paura percorse il corpo di Krarak, non era preparata a quel genere di combattimento, nessuno l'aveva mai affrontata in quel modo, era abituata a esser la regina assoluta del bosco, negli occhi dei cani che aveva divorato aveva letto solo terrore e sgomento.

«Come ti chiami? – chiese rivolta al lupo – voglio conoscere il nome di un animale coraggioso come te, prima di ucciderti»

«Te l'ho gia detto, Buck è il mio nome – rispose prontamente il lupo – e se fossi al tuo posto non sarei tanto convito del risultato dello scontro, vattene finché sei in tempo»

Continuarono a fissarsi negli occhi per alcuni secondi che parvero interminabili, tutte e due nell'attesa di vedere negli occhi dell'altro un segno, un attimo di debolezza, la piccola fiammella della paura che s'insinua nell'animo del più debole, poco prima di soccombere. Fu invece proprio Buck, il più debole almeno nelle previsioni, a rompere l'indugio e ad attaccare. Con un urlo terrificante si slanciò verso la pantera. Aveva i denti completamente scoperti e biancheggianti.

Krarak mancò la prima zampata sfiorando la testa di Buck e anche la seconda andò a vuoto grazie all'azione di sorpresa.

La bocca di Buck entrò nella guardia della pantera che quando chiuse le zampe per abbracciare l'avversario senti i lunghi e affilati denti del lupo, serrarsi come una morsa intorno alla sua gola.

Fu questione di attimi, rotolarono insieme come un'unica palla di pelo, nello *humus* del bosco, fra le foglie marce dell'autunno passato. Poi ruzzolarono in fondo a un canale di gronda che durante le piogge si riempiva d'acqua gorgogliante. Con un potente colpo di reni Krarak si liberò dalla stretta di Buck e a quel punto, solo a quel punto, riuscì a mettere a segno la sua famosa zampata.

L'effetto fu micidiale, la spina dorsale di Buck si ruppe come un grissino e la vita abbandonò il grosso cane lupo in un lampo.

Ciò che era stato un feroce guerriero si era trasformato in un mucchio di peli informe. Gli occhi erano paralizzati e guardavano il cielo, forse fu quella l'ultima cosa che Buck vide: un cielo azzurro che ben oltre le cime degli alberi veniva dipinto da un tiepido sole che si avviava al tramonto in una luce dorata.

Era morto da eroe, salvando gli altri membri del branco! Per la verità a causa delle sue malattie sarebbe morto comunque di lì a pochi mesi, ma questo Krarak non lo sapeva, e la grossa pantera rimase per ore a osservarlo ai suoi piedi, con un sentimento misto fra l'ammirazione e la necessità di mettere qualcosa sotto i denti.

Poi, quando era quasi giunta la notte, si riscosse, si rese conto che un rivolo di sangue caldo le scivolava giù dalla gola dove era stata azzannata dai denti di Buck e dove sentiva ora una forte sensazione di freddo.

Prese il corpo del cane fra le fauci e si avviò per raggiungere il suo nascondiglio.

Per quella notte la "morte nera" non avrebbe più colpito!

* * *

Sesto Capitolo
UNA PANTERA NEL BOSCO!

L'uomo dagli stivali messicani uscì sul terrazzo inondato dal sole del mattino in una frizzante domenica di Pasqua.

Il pavimento, di mattonelle rosse impermeabili, era scavato nella pendenza del tetto. Intorno a lui spiccavano le tegole, costruite secondo le specifiche delle altre case rurali della zona.

L'aria del mattino era fresca e pura, come solo quella di una valle priva di industria e lontana dalle grandi città oltre che affogata nel verde, poteva essere.

La vista in quell'atmosfera priva di foschia affondava nella valle per oltre settanta chilometri, fino a una piccola cittadina che spiccava proprio in fondo alla stessa su un morbido altopiano. Alcune piccole nuvole colorate di bianco e fucsia, sfioravano i tetti rossi delle case delle piccole borgate messe qui e là casualmente su ogni cucuzzolo.

«Magica – pensò l'uomo – questa valle è

magica. È talmente bella da sembrare finta, inventata dal pennello di un pittore».

Avanzò fino ad appoggiarsi al parapetto di cemento. Leggermente più in basso partivano le tegole del tetto che rispetto al suo angolo di visuale, finivano direttamente nello spazio aereo della valle.

La sua casa, posizionata in vetta come un convento di frati, offriva un panorama quasi incredibile.

Come ogni mattina l'uomo dagli stivali messicani, che d'abitudine in casa camminava scalzo, prese a sognare di spiccare il volo con un deltaplano da quel tetto, per perdersi nel cielo.

Si vide aggrappato alle sue ali di stoffa come un grande uccello, fare tre passi sulle tegole del tetto. Tre passi di corsa leggera poi il quarto direttamente nel vuoto. Immaginò il colpo del vento nelle ali, la forza ascensionale generata dalla forza aerodinamica, gli strappi delle turbolenze, la possenza del volo.

L'uomo dagli stivali messicani, aveva un sogno dentro il cuore, quello di volare imitando le aquile e le poiane della valle «Un giorno – pensò – l'avrebbe fatto sul serio!».

Fu proprio in quel momento che vide Krarak. In un primo momento pensò a un grosso gatto nero sdraiato al sole, poi valutò la distanza in almeno settanta metri, non era possibile che un gatto avesse quelle dimensioni a quella distanza. Infine dovette arrendersi all'evidenza: stava guardando una pantera nera.

L'animale, completamente ignaro di essere osservato, era accucciato sulle quattro zampe e seguiva affascinato il volo di una farfalla, guardandola con leggeri movimenti del muso.

La lunga coda, fendeva nervosamente l'aria e si abbatteva sul fianco come una frusta, rallentando fino a fermarsi a pochi centimetri dal pelo.

Tutto in lei esprimeva potenza ed elasticità contenuta.

« Davide!!! – urlò l'uomo all'indirizzo del figlio che in occasione della Pasqua era venuto a trovarlo – Davide, cerca il binocolo e portamelo su, c'è una pantera nera!!!»

«Ma che cosa dici papà – gli venne dai piani inferiori di rimando – come può esserci una pantera nera in questa valle!!!» concluse il ragazzo che non aveva nessuna voglia di farsi tre piani di scale di corsa.

«Davide!!! Ti dico che c'è una pantera nera, portami il binocolo!!! – ripetè urlando l'uomo dagli stivali messicani con un tono quasi isterico, sconfortato dalla risposta del figlio.

«Ma va...!!!» gli giunse ancora da sotto

«Accidenti a te – urlò ancora l'uomo, con un tono che non ammetteva repliche – portami quel maledetto binocolo prima che sia troppo tardi, ti dico che c'è veramente una pantera nera!»

In quel momento lo raggiunse sulla terrazza sua madre, che non aveva mai avuto una gran vista, nemmeno da giovane. «Dov'è la pantera?» chiese al figlio, l'anziana signora, con un tono solo velatamente ironico.

«Là – le fece segno l'uomo dagli stivali messicani – vicino a quell'albero, la vedi?»

Proprio in quel momento l'animale si sollevò da terra, voltò verso la macchia e in pochi attimi scomparve all'ombra di una quercia infilandosi nel folto del bosco.

La donna, che aveva superato i settant'anni da tempo, aveva visto solo una macchia nera, spostarsi verso gli alberi e scomparire, ma si sentì in dovere di sostenere il figlio dicendo: «Sì, sì l'ho vista, era proprio una pantera nera!».

In quel momento irruppe sul terrazzo il figlio Davide che teneva fra le mani il potente binocolo da marina 8 x 56 impermeabile.

«Dov'è?» chiese al padre che continuava a fissare il punto in cui l'animale era scomparso.

«Era là – rispose l'uomo, facendo segno con l'indice della mano destra e afferrando il binocolo con la sinistra, per osservare attentamente la macchia, - proprio vicino a quell'albero, ma ora è scomparsa» concluse mestamente.

Non disse niente al figlio, ben sapendo che se anche avesse colto subito il messaggio non avrebbe mai fatto in tempo con il binocolo. Comunque, sostenere la tesi di aver visto una pantera nera in quei boschi era veramente da pazzi.

Pensò di parlarne con il dottor Birbanti, il veterinario della valle alla prima occasione.

Birbanti era un uomo decisamente interessante. Con una strana luce nel fondo degli occhi, estremamente sensibile ai problemi degli animali selvaggi. Nella sua clinica venivano curati (gratuitamente): gufi, civette, falchi, aquile, caprioli, cinghiali e, più in generale, tutti i piccoli animaletti del bosco che gli venivano portati feriti, magari colpiti per errore dai cacciatori o caduti in qualche trappola, non destinata a loro.

A dire il vero, alcuni di quei feriti non sembravano affatto vittime di un incidente, ma della spietata intenzione di uccidere del solito cacciatore cattivo o ignorante. Ciò nonostante al dottor Birbanti, faceva piacere credere che tutti i cacciatori fossero dei galantuomini.

Le successive due ore, l'uomo dagli stivali messicani, le passò a discutere con il figlio se fosse o no possibile che una pantera nera vivesse da quelle parti e l'unica persona in casa, disposta ad accettare quell'avvenimento in modo normale, era, come al solito, la sua compagna, che sapeva vedere in ogni cosa esclusivamente il lato positivo.

«Se l'hai vista c'è di sicuro – disse rivolta all'uomo verso il quale nutriva una fiducia quasi totale – e se c'è, sarà perché l'ha voluta Dio. Speriamo che abbia qualcosa da mangiare, poverina!»

L'uomo dagli stivali messicani sapeva perfettamente che se la pantera si fosse presentata alla loro casa per mangiare, lei l'avrebbe nutrita; esattamente come faceva per il loro cane e per una tutta una squadra di uccellini vari fra cui: un padda, tre pappagalli inseparabili, due bengalini, un passero sperduto, e due rondini che erano cadute in anticipo dal nido e che presto sarebbero state liberate nella valle.

* * *

Settimo Capitolo

IL GRANDE RADUNO
In ricordo di Buck

*L*a scena era impressionante, la radura, un ampia distesa di foglie marce e di tronchi spezzati dove a macchie cresceva timidamente qualche filo d'erba verde, era gremita di cani all'inverosimile.

Centinaia di randagi di ogni tipo e di ogni estrazione sociale, si accalcavano pigiati uno contro l'altro in una specie di anfiteatro naturale fatto a gradoni di pietra, cosicché anche gli ultimi, potevano seguire il singolare spettacolo offerto dalla piccola cagnetta dal pelo biondo, soprannominata ormai quasi da tutti: «Capitan Brick».

Il nome era corso di bocca in bocca e i racconti dei più fantasiosi né avevano dipinto le gesta, fino a farla diventare una leggenda. A dire il vero, più della metà dei partecipanti al convegno fino a poche ore prima non sapeva nemmeno chi fosse. Gli altri la guardavano con ammirazione per quello che avevano sentito dire, ma nessuno di loro, a parte un piccolo gruppo, il suo branco, l'aveva mai vista in azione.

Il capitano stava al centro del palcoscenico improvvisato, circondata dai suoi cani, disposti a difenderla (anche se non si capisce come) fino alla morte.

Al miserevole gruppetto si era da poco aggiunto un altro cane lupo, anche lui più lupo che cane, com'era stato Buck; ma questa volta giovane e sano. La sua storia aveva dell'incredibile, eccovela: Pa-hu-ka-tawa era giunto in quelle contrade al seguito di una tribù di indiani Lakota Sioux, che pagati dall'Ente delle Riserve Indiane d'America percorrevano le strade del mondo allo scopo di tramandare le loro tradizioni. Il giovane cane lupo, come tutti i cani degli indiani nei tempi passati, sarebbe stato costantemente in bilico fra lo svolgere le sue funzioni di guardiano del villaggio e la probabilità di essere mangiato in un periodo di carestia; ma grazie ai fondi donati dall'Ente per le Riserve Indiane quel rischio era definitivamente superato dato anche lo sgradevole gusto della carne di cane; così il giovane Pa-hu-ka-tawa, così lo chiamavano, poteva vivere tranquillo nel territorio della tribù, viziato e vezzeggiato dal suo padrone Ti-ke-wa- kusch (uomo che chiama i bisonti) che, fra le altre cose, aveva un carattere dolcissimo.

Tutto sarebbe andato di bene in meglio, se una notte, dopo una delle tradizionali danze del sole, Pa-hu-ka-tawa non avesse trovato sul suo cammino una grossa torta di marzapane imbevuta di rum fino a gocciolarne.

C'erano due cose che piacevano particolarmente al lupo indiano, i dolci di marzapane e il rum, che succhiava e a volte lappava (costantemente in bilico fra l'essere lupo o cane) avidamente, dalle mani del suo padrone, molto disponibile, come la maggior parte degli indiani, a lasciarsi andare all'ebbrezza dell'alcool.

Il nostro cane lupo o lupo cane, non aveva saputo resistere al richiamo di una tale ghiottoneria e si era ingollato avidamente tutta, ma proprio tutta la torta, assimilandone rapidamente anche tutto il Rum in essa contenuto.

Pochi minuti dopo, completamente ubriaco si era incamminato nei boschi circostanti l'accampamento e si era... perso, o forse addormentato. Fatto sta che dopo mesi di vita errabonda, era entrato casualmente in contatto con il gruppo di Capitan Brick che, caso del destino, proprio la mattina precedente aveva assistito all'eroico sacrificio di Buk. La presenza di un nuovo lupo era sembrata a tutti un segno positivo.

Solo il suo nome era insostenibile per i cani del branco Pa-hu-ka-tawa e dal momento che aveva tre piedi completamente bianchi, fino all'altezza del ginocchio, avevano deciso di chiamarlo "tre gambe", sempre secondo le migliori tradizioni indiane.

Pa-hu-ka-tawa aveva accettato quel nome di buon grado e ora, il nuovo «Tre gambe», si trovava al fianco di Capitan Brick, proprio al centro del convegno; sentendosi importante come non mai ed ergendosi in tutta la sua possenza.

«Signori, un po' di silenzio! - esordì perentoriamente la piccola cagnetta; poi con un tono forse troppo ricercato dato il suo aspetto fisico, continuò – non ci siamo riuniti per fare quattro chiacchiere, ma per organizzare una vera e propria operazione militare che ci consentirà di liberarci per sempre dal pericolo di Krarak – detto questo, fece una pausa ad effetto e poi continuò – sì, proprio LEI, la tremenda morte nera che da mesi miete vittime fra le creature del bosco, con una particolare attenzione per noi "poveri" cani abbandonati o dispersi».

«Brava!» venne dal fondo, «Questo si che è parlare, - gridò un anonimo cane confuso nella massa - liberiamoci da quel mostro, ognuno di noi ha già subito la perdita di un compagno o di un amico!»

«Si, ma come faremo – intervenne un grosso e vecchio pastore scozzese dal petto bianco e folto con un'espressione di saggezza, - credete che sia facile? Chi di voi si sente in grado di affrontare una pantera nera?» terminò il cane provocando in tutto il pubblico un fremito di paura. Finalmente, il silenzio appena invocato da Capitan Brick era arrivato.

«Dicono che con una sola zampata sia in grado di uccidere chiunque di noi e di divorarselo in pochi minuti!» - la cruda affermazione venne dal fondo, senza che il capitano riuscisse a capire chi fosse a parlare.

«Amici miei – continuò Capitan Brick, approfittando del silenzio – due giorni fa un nostro eroico compagno di nome Buck, molto ammalato e stanco, ha affrontato Krarak la terribile, da solo, con lo scopo di consentire a noi tutti di sottrarci alle sue zanne – l'affermazione fece scorrere una piccola onda di «ooh!!» e di ammirazione per quell'eroico membro della comunità canina - ebbene – continuò Brick - nonostante le sue condizioni precarie, Buck è riuscito a fermarla e ad azzannarla alla gola, procurandole una profonda ferita che l'ha costretta a rinunciare alla caccia per almeno una settimana». Un altro «ooh!!» serpeggiò fra la folla dei cani presenti, mentre i membri del branco del capitano, fissavano tutti con orgoglio, arrotolando la coda sulla schiena per esprimere coraggio e determinazione, come se i meriti di Buck fossero diventati i loro.

«Il mostro si può battere! - urlò Capitan Brick con veemenza – e dobbiamo farlo in onore e in ricordo di Buck e del suo sacrificio che non sarà mai dimenticato!».

«Brava!, Bene!», giunse dal fondo e dai soliti anonimi che sarebbero quasi certamente fuggiti al primo accenno di pericolo.

«Ad arringare la folla sei brava capitano – disse il vecchio pastore scozzese che nel frattempo si era avvicinato al centro del palcoscenico - ma come faremo a battere una pantera, senza lasciare sul campo un numero elevato di feriti, morti e storpi?»

«Useremo l'astuzia e la forza generata dall'unione di tutti i branchi della valle - rispose la cagnolina bionda, spostando com'era solita fare il peso da una gamba all'altra - per fare questo però, occorre che nel corso di una sola notte voi tutti siate disposti a considerarmi il vostro capitano – disse ancora Capitan Brick, sottolineando l'importanza di quelle parole con delle piccole pause ad effetto, poi continuò – per una notte tutti i capi branco dovranno rinunciare alla loro funzione naturale e tutti dovrete ubbidirmi come se fossimo una unica grande tribù di cani con un solo capo, una falange macedone, una terribile macchina da guerra!», concluse.

«La guerra è cosa da uomini - disse pacatamente il vecchio pastore scozzese e continuò facendo bene attenzione ad essere sentito - tu, che sei più giovane di quel cespuglio alle tue spalle, che cosa ne sai?».

Un pesante silenzio riempì l'aria della radura. Tutti erano in attesa della risposta che il capitano doveva dare al vecchio saggio. Tutti sapevano che ogni cosa, forse anche l'eliminazione della pantera, sarebbe dipesa da quella risposta della piccola Brick.

Nella mente di alcuni dei partecipanti si stava intanto facendo strada una sconcertante domanda:« Come poteva una piccola meticcia di appena undici mesi e qualche giorno, conoscere l'arte della guerra che era da sempre esclusivo dominio degli uomini?».La frase del vecchio pastore scozzese aveva ottenuto il risultato voluto. Spegnere l'entusiasmo dei giovani, riportare tutti al senso della realtà che purtroppo non sempre è la soluzione migliore. Specie se di mezzo c'è la liberta, una condizione di vita irrinunciabile, ma sempre molto costosa sia in vite sacrificate che in fatica profusa. Molti cani avevano combattuto a fianco degli uomini nelle guerre, ma con funzioni di scarsa importanza: come portaordini, infilandosi nelle trincee scavate nel fango e sottraendosi al tiro dei cecchini, strisciando la dove nessun uomo sarebbe mai potuto passare e tutto per consegnare un rotolo di carta, una mappa o un semplice biglietto scarabocchiato in fretta, per ricevere in cambio, un tozzo di pane ammuffito o nella peggiore delle ipotesi una semplice carezza. Poche volte avevano preso parte a delle vere e proprie battaglie, anche se nel DNA di molti di loro, c'erano ancora tracce delle battaglie sostenute al seguito delle legioni romane; ma il vero compito nel quale erano sempre riusciti a farsi notare e a rivelarsi insostituibili era nel fare la guardia di notte. Nessuno sapeva percepire odori e lievissimi rumori come i cani. Qui invece si trattava di combattere, di dare ordini, di pensare a una strategia. Come poteva farlo quella specie di cucciolo sbilenco, con un occhio pesto e con le zampe anteriori affette da rachitismo?

«Sono stata per otto mesi la cagnolina adorata del colonnello Parcifal Opkins, disse con tono perentorio che non ammetteva repliche, il capitano, e continuò senza enfasi - ufficiale del sesto reggimento di fanteria scozzese di stanza al castello di Edimburgo. Un colonnello che aveva combattuto nella seconda guerra mondiale e in Corea, membro dei servizi di spionaggio dell'OSS, grande stratega, consigliere speciale della regina d'Inghilterra, interprete del grande von Klausewitz, nipote di uno degli ufficiali che sconfisse Napoleone Bonaparte nella battaglia di Waterloo.»

Capitan Brick finì quella lunga frase aspettandosi un commento, forse un applauso, ma nessuno disse niente, si sentiva solo il cinguettio degli uccelli e il ronzio di un grosso calabrone che volteggiava da ore intorno alle loro teste e che, a tratti, qualcuno cercava di acchiappare con la bocca.

In effetti, se Brick avesse detto loro che era figlia di Siddharta o inviata speciale del buon Dio, avrebbe ottenuto lo stesso effetto.

Si trovava innanzi alla più grande massa d'ignoranti che avesse mai popolato quelle valli. I loro concetto della vita era limitato a dove e quando defecare, a fare le pipì per segnare le competenze della propria zona territoriale, a seguire un capo branco semplicemente perché era il più forte o ancora più semplicemente, perché sapeva dove andare.

Sapevano che era importante riempirsi la pancia per sopravvivere, ma nessuno di loro aveva la minima idea di chi o che cosa fosse stato von Klausewitz o la regina d'Inghilterra o Napoleone o quant'altro quella cagnetta avesse detto.

Gli occhi di tutti erano puntati sul piccolo capitano. I membri del suo branco tremavano all'idea che qualcosa di spiacevole stesse per succedere, poi Capitan

Brick ebbe un'ispirazione; probabilmente la stessa che aveva concesso a molti grandi uomini di guidare le schiere dei loro eserciti fino a conquistare gli imperi.

S'erse nel portamento, salì su un tronco abbattuto per essere ancora più in alto, poi con enfasi e misurando le parole esclamò:« Ebbene c'è una ragione ancora più importante!!! IO SO... COME FARE!!!»

L'applauso cominciò in modo esitante, partendo come al solito dal fondo, frammentato da ampie zone di silenzio, poi prese forza e alla fine si trasformò in una ovazione.

Ora Capitan Brick era il comandante di una infinita schiera di cani che l'avrebbe seguita verso il successo o la sconfitta, senza porsi altre domande e tutti furono felici e soddisfatti.

«Bene signori – concluse Brick quando la platea si fu calmata – ora aprite bene le orecchie e ognuno di voi saprà come e che cosa fare quando entreremo in azione!»

*   *   *

Ottavo Capitolo
PRIGIONIERA DEL DESTINO

Krarak uscì dalla sua tana leggermente smagrita, la lunga degenza per guarire dalla ferita infertale da Buck l'aveva costretta a rinunciare all'alimentazione ed era più affamata che mai. Aveva corso un grande rischio il giorno prima, quando si era lasciata vedere da un uomo stupidamente, per riscaldarsi ai raggi di un brillante sole mattutino. Krarak non poteva sapere che era Pasqua, una festività molto sentita dalle popolazioni di quei luoghi, come non poteva sapere che l'uomo che l'aveva vista amava gli animali e conseguentemente non era stato colto dal pensiero sui metodi per ucciderla o catturarla, bensì dalla preoccupazione su come lei stessa potesse sopravvivere in quei boschi.

Comunque, l'idea di essere stata avvistata la metteva in forte disagio e un senso di allarme la accompagnava ora costantemente.

«L'avrebbero cercata? – si chiese preoccupata – avrebbero nuovamente mobilitato uomini, mezzi e anche cani per catturarla?»

Troncò questi pensieri gettandoseli alle spalle: «Che importanza aveva? In fondo se si fosse nuovamente sentita in pericolo avrebbe semplicemente cambiato valle, l'aveva già fatto altre volte e le cose erano sempre andate per il meglio».

Stava camminando, sfiorando i tronchi di alcune querce, era quasi invisibile nel folto della macchia e stava meditando sul dolore che aveva al collo in seguito al morso di Buck, quando sentì innanzi a se una presenza, per certi versi, terrificante. S'immobilizzò e, immediatamente dopo, scorse un essere vivente nero e peloso, del peso di almeno 120 chilogrammi, che spostandosi fra i cespugli emetteva un forte e rimbombante grugnito «Hocrrr!!!».

Poi la "belva" uscì allo scoperto, sulle foglie secche della radura e si immobilizzò osservando con paura e curiosità l'enorme gatto nero che aveva davanti.

Krarak, invece, sapeva perfettamente che cosa aveva innanzi: un superbo esemplare di cinghiale selvaggio e ciò che la preoccupava maggiormente era il fatto che fosse una femmina e che alle sue spalle si agitassero una decina di piccoli «porcellini» affamatissimi.

In altri momenti, per Krarak sarebbe stata un'occasione eccezionale per riempirsi la pancia, se solo avesse potuto avvicinarsi ai cuccioli non vista; ma ora l'elemento sorpresa era svanito e le parti si erano invertite. Non era la pantera nera ad avere il coltello dalla parte del manico ma la grossa mamma cinghiale, nera e pelosa che la fronteggiava.

Krarak sapeva benissimo quale formidabile arma fossero i due denti incisivi che fuoriuscivano dalla bocca di quella specie di maiale selvatico. Affilati come rasoi e in grado di uccidere chiunque, provocando delle lacerazioni profonde, che nella maggior parte dei casi, recidevano vene e arterie del malcapitato.

Aveva assistito più d'una volta alla fine di un cacciatore troppo audace, che si era avvicinato a uno di quei porcelloni, credendo a torto d'averlo ucciso.

Un solo movimento rapidissimo della testa del cinghiale aveva reciso l'arteria femorale o letteralmente aperto il ventre del cacciatore. In alcuni casi erano stati i cani a farne le spese e le ferite erano sempre risultate orribili. Ne sapeva qualche cosa Birbanti, che poi doveva con santa pazienza ricucire quei cani traumatizzati e tremolanti.

Krarak non lo sapeva, ma nella stagione della caccia al cinghiale, il laboratorio del dottor Birbanti, il veterinario della valle, era un'officina-sartoria dove si ricucivano cani a ciclo continuo.

L'istinto della pantera fu quello di darsi alla fuga, anche se la cosa avrebbe abbassato di molto il livello della sua fama; ma "cavalier che fugge è buono per un'altra volta" e questo fu il pensiero che attraversò la mente della pantera quando la femmina caricò ferocemente a testa bassa. L'unica situazione dove un cinghiale selvaggio sceglie di attaccare invece che volatilizzarsi nella macchia è proprio quella che vede la femmina difendere la cucciolata.

Krarak scartò di lato, poi con un balzo prodigioso, s'arrampicò su un albero di grande fusto, raggiungendo in un batter d'occhio i rami più alti.

Il cinghiale rimase sconcertato. Il pericolo era scomparso improvvisamente come era apparso. Grugnì ancora due o tre volte, poi raccolse la cucciolata e la sospinse verso altre radure dove, a suo parere, avrebbero goduto di maggior sicurezza e tranquillità.

Come tutti gli animali che basano la loro sopravvivenza sulla forza, i cinghiali non dimostrano una particolare intelligenza. Krarak infatti, a quel punto, avrebbe potuto scivolare non vista fra le fronde mettendosi controvento per attaccare e sbranare i cuccioli in un attimo di distrazione della madre. Ed erano proprio quelle le intenzioni della nostra pantera mentre scendeva dall'albero, quando fu distratta da un altro movimento, un fremito e un odore che conosceva troppo bene. Uomini!

Si acquattò fra le siepi irte di spine, incurante di esserne trafitta, grazie anche alla sua durissima pelle, poi si dispose ad osservare non vista.

I due cacciatori, uscirono allo scoperto avvicinandosi al cespuglio dove si era occultata la pantera. Erano armati di doppiette calibro 12, lunghi coltellacci appesi in cintura e un vestiario che sembrava appartenere a diversi eserciti.

Pantaloni mimetici americani, giubbetti della fanteria tedesca, con tanto di bandierina sulla spalla, cinturone dell'esercito italiano e scarponi da montagna. Sul capo, uno aveva un cappellino blu con l'immagine della portaerei USS Saratoga, l'altro portava un basco rosso scuro, senza insegne. Date le barbe incolte, i molti chili di sovrappeso che gonfiavano a dismisura le camicie nella zona del ventre, offrivano un'immagine di pingue stanchezza oltre a un atteggiamento di enorme cinismo e trascuratezza.

L'espressione dei loro volti era quanto di più zozzo si possa immaginare per il genere umano e i loro corpi debordanti, li facevano assomigliare a dei veri maiali da recinto. Parenti molto meno aristocratici del cinghiale che aveva appena lasciato la radura.

L'uomo di sinistra, per completare la dose, stava scavandosi nel naso con un dito, mentre con la mano sinistra reggeva un sacchetto di nylon che teneva lontano dal corpo quasi che fosse infetto e contagioso.

Fu proprio quel sacchetto a richiamare l'attenzione di Krarak. Giunti che furono nelle vicinanze di un castagno, i due uomini lo aprirono ed estrassero con una pinza una manciata di carne puzzolente che deposero ai piedi dell'albero. Poi risero compiaciuti: «Con la quantità di veleni che ci abbiamo messo, il fegato e lo stomaco di chi mangerà questo boccone si spappolerà in poche ore!» - esclamò con gioia il grassone con il cappello della portaerei. «Già, volpe o cane randagio – disse l'altro uomo - in questo modo facciamo piazza pulita in questi boschi!».

«Se lasciamo tutti questi cani randagi morti di fame in giro – riprese il primo - finiremo per non trovare più selvaggina per i nostri fucili, e poi l'altro giorno ho avuto nuovamente il giardino devastato dai cinghiali, mentre le volpi facevano man bassa delle mie galline» concluse il grassone.

Poi i due si allontanarono alla ricerca di un altro luogo dove piazzare un altro boccone avvelenato.

Krarak era furente. Tutto poteva capire, ma che gli uomini uccidessero dei poveri animali in questo modo lo trovava proprio inconcepibile.

E i cani? Poverini! Un conto era cibarsene come faceva lei per sopravvivere, un conto era invece condannarli a una terribile morte, fra atroci sofferenze, dopo aver ingoiato uno di quei bocconi, un micidiale cocktail di veleni.

A volte aveva incontrato le carogne di

questi sventurati, ai bordi del bosco. Giacevano tutti in una pozza di sangue, e i loro organi interni si erano disciolti completamente.

«Come potevano esistere uomini di tale cattiveria? Come poteva un Dio che aveva creato la meraviglia della natura, essersi scordato di loro. Come potevano i loro cuori essere cosi gretti, insensibili all'inutile dolore che procuravano - si chiese Krarak, - che li cacciassero allora i cani randagi, che li uccidessero con quei loro fucili a pallettoni, almeno sarebbero morti subito, senza soffrire troppo e in modo onorevole, come spetta di diritto a qualunque animale!»

Disgustata, volse le spalle a quei due esseri e dimentica anche del cinghiale e dei suoi cuccioli scivolò silenziosa nella macchia, come solo lei sapeva fare, purtroppo pensierosa, forse troppo pensierosa, poiché per una volta dimenticò di fare la cosa più importante, fiutare il terreno e guardare dove metteva le zampe. Un errore fatale: la tagliola si chiuse con forza affondando i suoi denti metallici fino all'osso della zampa anteriore destra. Krarak lanciò un urlo feroce per il dolore, poi istintivamente scattò in avanti, con l'unico risultato di far affondare ancora di più i denti della tagliola nelle sue carni.

Una lunga catena bloccava la tagliola ad un palo infisso profondamente nel terreno. Questa volta era veramente finita. La feroce belva, il terrore del bosco, si distese paziente ad attendere quello che il fato aveva preparato per lei. Ora più nulla sarebbe dipeso dalle sue scelte, era semplicemente prigioniera del destino.

* * *

Nono Capitolo

UNA CURVA TROPPO STRETTA

Avevano corso liberi nel vento, senza pensare a nulla, mentre ai loro fianchi sfilavano case, orti, prati verde, boschi e colline.

Poi avevano imboccato la grande autostrada, gettandosi letteralmente in un fiume di autocarri che, viaggiando ad alta velocità, trapassavano da parte a parte le montagne all'interno di polverosi tunnel e avvolti in una nuvola di gas di scarico e aria calda prodotta dai loro immensi motori. Nemmeno questo grande pericolo li aveva rallentarti, si erano lasciati inebriare dalla velocità, mentre il vento spazzava i loro volti, e la poca aria che filtrava sotto degli occhialoni da moto li faceva lacrimare.

Alla velocità di 140km/h sembrava di essere dei proiettili lanciati verso un obiettivo sconosciuto, e quando all'interno delle gallerie si affiancavano al turbinoso arrancare degli autocarri, quella specie di roulette *russa* sembrava giunta al suo apice, adrenalina pura. Fu certamente in uno di quei tunnel che sbattuti dalla perturbazione generata da quegli immensi autocarri, perdettero la targa che si staccò dalla motocicletta scomparendo, magari tritata da quella miriade di gomme roventi.

Dopo una quarantina di chilometri, abbandonarono la grande arteria stradale per inserirsi nuovamente su una piccola strada statale e lì giunti, si sentirono leggermente storditi, ma felici di essere ancora vivi.

«Sembra impossibile – pensò l'uomo dagli stivali messicani, - ma l'unico modo meno pericoloso di affrontare quel tratto di autostrada è quello di andare a una velocità pazzesca. D'altra parte i TIR viaggiano a 110,120 chilometri all'ora e se tu cerchi di stare a quella velocità, ti ritrovi a fare da tappo. Questo significa essere costantemente superati e affiancati da mostri roventi, che a volte hanno anche la "delicatezza" di azionare trombe da vaporetto, per segnalare che stai creando problemi alla loro corsa.

Viceversa, a 140, sei tu che detti le regole del gioco, ma si tratta di un gioco pericoloso, serve tenere l'abbagliante acceso e serve avere una marmitta come quella che abbiamo noi, che quando entri nel tunnel produce un rombo terrificante, così forte da superare anche quello degli immensi 12 cilindri.

In quel modo ti sentono, ti vedono e il rischio che si gettino a sinistra per un sorpasso proprio mentre stai arrivando è molto inferiore, anzi quasi assente.

«Ti amo! - urlò nel vento la sua compagna alle sue spalle - è bellissimo, è veramente bellissimo!» Concluse la ragazza felice di essere nuovamente su una motocicletta.

Percorrendo la strada statale non c'era la stessa emozione dell'autostrada, quanto a rischio, ma la paura veniva sostituita dalla dolcezza delle curve che grazie alla qualità dell'asfalto sembravano fatte proprio per andare in motocicletta.

Il rombo del motore si perdeva alle loro spalle e nelle orecchie giungeva soltanto il rumore del vento. Pareva di volare.

Attraversarono a velocità ridotta alcuni paesini, poi imboccarono una strada che li avrebbe portati verso i nove chilometri di salita che li separavano dalla loro casa.

L'uomo dagli stivali messicani scalò di marcia esattamente mentre inseriva la freccia per svoltare a destra. Passare su quel ponticello di ferro rappresentava sempre un'emozione.

La profonda gola che spaccava in due la montagna, sembrava non avere fondo e se mai ce ne fosse stato uno, era impossibile vederlo a causa degli alberi che ricoprivano la parte bassa della foiba.

La strada, larga poco più di un sentiero, non consentiva il passaggio di due veicoli contemporaneamente. Pensavano di aver ormai maturato una grande esperienza nel percorrerla, conseguentemente non si davano più cura di suonare il clacson ad ogni curva.

Anche la velocità era gradatamente aumentata, con il passare dei mesi, e la grande confidenza li stava, a loro insaputa, esponendo a dei seri rischi.

Affrontarono il tornante più difficile, quello fatto a chiocciola, che chiamavano scherzosamente «Murphy 3», data la percentuale elevata di trovarci sempre qualcuno che svoltava, ma non essendoci nessuno non ebbero alcuna difficoltà, poi si diressero verso la curva falsa, denominata «Murphy 4», che aveva la caratteristica di stringersi al centro.

L'uomo dagli stivali messicani accelerò l'andatura per affrontare quest' ultimo tornante a destra, che non aveva mai rappresentato una vera difficoltà.

Era una curva particolare e non era possibile vedere al di là di essa, fino a quando non si entrava nel punto più stretto, esattamente quello in cui un veicolo che scendeva dall'altra parte era costretto a stringere verso il centro della strada, mentre una motocicletta che saliva, doveva allargarsi verso sinistra per compiere nel modo migliore e con una marcata inclinazione, la grande curva.

Fu proprio questo piccolo particolare a tradire l'uomo dagli stivali messicani, che vide l' automobile bianca sopraggiungere in senso opposto troppo in ritardo per fare qualunque cosa.

Per una misteriosa ragione del fato (teorema di Murphy appunto) i due veicoli si trovarono a coincidere esattamente nel punto più stretto.

«Mah...!!!», fu l'unica cosa che riuscì a dire il motociclista e per non andarsi a schiantare contro la fiancata dell'auto, fu costretto a buttarsi sulla destra con tutto il peso del suo corpo. La ruota anteriore, frenata, si bloccò, perdendo completamente l'aderenza grazie anche a un leggero strato di ghiaietto e la caduta della motocicletta divenne inevitabile.

L'uomo sentì un terribile dolore al piede destro che insieme alla pedana di appoggio e al pedale del freno, veniva stritolato dal peso della motocicletta; la Honda Shadow pesava 210 chilogrammi. Se avesse avuto l'incredibile sangue freddo di tenere il piede all'interno del profilo delle pedane, invece che tentare inutilmente di sostenere la moto, avrebbe evitato tanto dolore e settimane di grande fatica. Purtroppo, invece tentò di salvare il salvabile, con il risultato di rischiare seriamente tutta l'articolazione della caviglia e il ginocchio.

L'auto, continuando nella sua corsa, anche se frenando, salì letteralmente sulla ruota anteriore raggiata della motocicletta deformandola.

Cadendo il motociclista riuscì a fare almeno una cosa: antepose il suo gomito all'asfalto, consentendo al passeggero di arrivare più dolcemente sul prato d'erba soffice che costeggiava la strada.

Quando la scena divenne statica e il polverone iniziò a diradarsi, a terra c'erano due motociclisti e una motocicletta, mentre l'auto bianca era sbandata sul lato destro della strada fin contro i cespugli di more.

«Come stai? - chiese l'uomo dagli stivali messicani alla sua compagna, voltando la testa verso di lei per quanto poteva, data la posizione grottesca in cui si trovava - ti sei fatta male?»

«No, assolutamente, non ho nulla,- rispose la ragazza mentre rapidamente si rimetteva in piedi spolverandosi i vestiti - tu invece, come stai?».

«Il piede... mi fa un male terribile il piede, credo di essermi rotto la gamba!», esclamò l'uomo digrignando i denti per il dolore.

Poi, mentre parlava, si rese anche conto della sua precaria situazione: sdraiato sotto la motocicletta con la gamba destra sotto le marmitte roventi e con solo un centimetro di aria che lo separava da una tremenda ustione, un centimetro e la tela dei jeans.

Per completare la tragicità della situazione, la benzina aveva iniziato a colare dal tappo del serbatoio e il liquido refrigerante, rovente anch'esso, aveva preso a colargli addosso, fortunatamente sulla spessa giacca di pelle.

Il pericolo era grande, da un momento all'altro avrebbe potuto prendere fuoco e allora quello che fino a quel momento era considerabile un piccolo incidente sarebbe potuto sfociare in una tragedia.

L'uomo dagli stivali messicani era convinto di essersi rotto qualcosa e provava un dolore terribile che aumentava ad ogni secondo. La sua mente era avvolta in una nuvola dai contorni giallastri, probabilmente causata dalla violenza del trauma.

Incredibile ma vero, a poche centinaia di metri di distanza, una pantera nera soffriva in modo eguale, con una delle sue quattro zampe stritolata dai denti di una tagliola.

L'animale giaceva a terra, con gli occhi chiusi e in attesa, dopo aver rinunciato a qualunque forma di lotta.

Intorno a loro due, l'uomo e la pantera, un mondo pulsante continuava a vivere come se nulla fosse accaduto.

Purtroppo c'è sempre qualcuno che soffre, mentre noi viviamo serenamente la nostra esistenza quotidiana; è bene non dimenticarsene mai, ed essere pronti a intervenire per aiutare chi è meno fortunato di noi.

*   *   *

Decimo CAPITOLO
LA GRANDE OFFENSIVA

*F*inalmente era arrivato il gran giorno, anzi, per meglio dire, la grande notte.

La luna piena rischiarava tutto il cielo, trasformando il bosco in un paesaggio incantato, ed era possibile senza alcuna fatica distinguere i contorni delle cose.

Stretto intorno a Capitan Brick, c'era tutto il gruppo completo dei suoi cani: Parcifal, il vecchio Shetland Sheepdog; CKCS, il Cavalier King Charles Spaniel; Saza,la Sloughi azawakh; Zar, il magro, tremante e velocissimo Borzoi; Scott, il piccolo e nero Scottish Terrier che non voleva più saperne degli uomini; Tilly, la piccola dispersa, ancora alla ricerca della sua fattoria; Pa-hu-ka-ta-wa, detto «tre gambe», che nella sua imponenza di giovane cane lupo, fungeva da vera e propria guardia del corpo del Capitano.

Intorno a loro una marea di cani venuta da tutta la valle. Si erano riuniti per mettere in pratica il piano che Capitan Brick gli aveva brevemente illustrato nella precedente riunione; nel corso di una storica arringa che non sarebbe mai stata dimenticata dai cani di quelle valle.

Il piano era abbastanza semplice: la squadra di Capitan Brick capitanata da CKCS e dal giovane "tre gambe", sarebbe andata in cerca di Krarak offrendosi come esca, il resto del branco composto da centinaia di cani, avrebbe seguito le direttive di Capitan Brick, mantenendosi a distanza e soprattutto in silenzio.

Quando il drappello di testa fosse entrato in contatto con Krarak, avrebbe dovuto lasciarsi inseguire prendendo come direzione il crepaccio che portava al precipizio della profonda foiba, che secondo i piani di Capitan Brick avrebbe dovuto ingoiare la terribile pantera nera.

Tilly si sarebbe mossa con le funzioni di esploratore, riducendo così il gruppo di Capitan Brick a un numero pari di sei cani.

Secondo i piani, quando fossero giunti nei pressi del precipizio, a un segnale prestabilito, CKCS sarebbe scattato sulla destra, seguito immediatamente da Saza e da Parcifal, mentre tre gambe insieme a Scott e Zar avrebbero scartato sulla sinistra.

La cosa fondamentale, era che questa

manovra doveva essere compiuta nello stesso istante, in modo da creare una grande incertezza nella pantera, che avrebbe certamente esitato per prendere una decisione, su quale dei due gruppi seguire.

A quel punto, e solo a quel punto, a un segnale di Capitan Brick, tutti i cani rimasti alle spalle sia del gruppo d'avanguardia che della pantera, disposti a formare un ampio ventaglio, avrebbero dovuto abbaiare insieme, producendo, come Brick sperava, un sorprendente frastuono, terrorizzando la belva e spingendola verso il precipizio. Il piano era perfetto (così almeno tutti speravano), ora si trattava di metterlo in pratica.

L'impresa più difficile, per Capitan Brick, fu ancora una volta quella di ottenere il silenzio; cercò come suo solito un vecchio tronco abbandonato, per mettersi in vista data la sua statura da bassotto, poi non appena l'ebbe ottenuto disse con tono perentorio: «Signori miei, è venuto il momento che tutti aspettavamo. Questa notte con un po' di fortuna ci libereremo dal pericolo della morte nera. È importante che almeno per un momento mettiate da parte la vostra naturale indole di

cani randagi che si muovono disordinata-
mente, in questa occasione è importante
che vi comportiate come un piccolo esercito».

Fece una pausa per osservare l'effetto
che avevano avuto le sue parole sul pubblico e constatò come al solito la massima
indifferenza: c'era chi si grattava le pulci,
chi annusava il posteriore degli altri, chi
sonnecchiava, chi osservava il volo dei pi-
pistrelli e delle falene; insomma la solita
disordinata accozzaglia di randagi. Ma-
scherando la sua delusione Capitan Brick
continuò: «Ora, al mio segnale, la piccola
Tilly partirà alla ricerca di Krarak. Il drappello o meglio l'esca, costituita dal mio
branco, la seguirà a breve distanza mentre tutti noi avanzeremo in fila indiana, il
più silenziosamente possibile, quando
verrà il momento farò passare l'ordine di
aprirsi a ventaglio e a quel punto dovrete
assumere una formazione detta linea. Co-
stituiremo un fronte compatto restando
tutti in vista l'uno dell'altro. Conseguentemente, ognuno di voi, dovrà vedere un
cane alla sua destra e un cane alla sua sinistra. Lo spazio che dovrete lasciare fra
voi non dovrà superare i due o tre metri».
Terminò questo discorso convinta che

nemmeno il 50% dei cani presenti avesse compreso quello che doveva fare.

Poi si volse verso i componenti del suo branco e fece il segnale di via. Tilly partì immediatamente per mettersi sulle tracce di Krarak con piccoli balzi e sempre dando l'impressione di volare. Scomparve subito nella macchia, tutti sapevano che aveva un fiuto incredibile e la capacità di non produrre alcun rumore, ma nessuno era convinto di rivederla ancora viva, purtroppo le doti di Tilly erano anche i maggiori pregi delle pantere.

Inutile dire che il cuore della povera Tilly batteva forte per la grande emozione.

Checché dicessero, era lei che doveva avvicinarsi alla morte nera, una pantera che aveva già divorato decine di cani molto più grandi e combattivi di lei. Quello che stava facendo, significava rischiare la vita a livelli che per Tilly e per qualunque cane del mondo, erano inconcepibili.

Ciò nonostante corse coraggiosamente incontro al suo destino, non senza fiutare continuamente l'aria e, di tanto in tanto, fermandosi ad osservare affascinata la bellezza della luna piena. Aveva un cuore romantico.

Tilly era perfettamente consapevole di

essere la più esposta, dovendo andare in avanscoperta rispetto al resto del gruppo. Ma era anche altrettanto conscia di essere la più quotata per svolgere un compito come quello.

Nessuno sapeva muoversi in quei boschi in totale silenzio come lei. Anche camminando sopra dei rametti secchi non avrebbe rischiato di romperli, rivelando a Krarak la sua presenza.

La cagnolina bianco e nera, proseguì per circa 15 minuti nella direzione dove sapeva essere la tana di Krarak ma, pur fiutando continuamente l'aria, continuava a non sentire la presenza dell'animale.

Si avvicinò fino a vedere l'ingresso della piccola grotta, debolmente illuminata dalla luce della luna e vide chiaramente biancheggiare alcune ossa: i resti di qualche sfortunato finito fra le fauci della belva; ma di Krarak nemmeno l'ombra.

Ad entrare nella grotta, la timida Tilly non ci pensava nemmeno, «Tanto era inutile», pensò, sentendosi leggermente in colpa per la paura che aveva in quel momento.

Era più che evidente che la morte nera era in caccia da qualche altra parte nel bosco.

Delusa, Tilly, si volse nella direzione da cui era venuta per raggiungere Capitan Brick e avvisarla che Krarak non era in casa; ma il destino volle che, nonostante la sua bravura e magari anche un po' per la paura, Tilly prendesse la direzione sbagliata. Se ne rese conto quasi subito e proprio mentre stava per rimettersi nella direzione giusta, notò o per meglio dire, intuì, la presenza di qualcosa sdraiato a terra nei pressi di una macchia d'alberi.

Si avvicinò lentamente, sempre fiutando l'aria con il suo piccolo nasino e quando giunse a circa dieci metri di distanza dalla grande massa nera che giaceva al suolo ebbe un fremito di terrore al quale si aggiunse un grande stupore: davanti e lei era sdraiata Krarak, immobile!!

Sembrava morta, ma superando il terrore, avvicinandosi ancora, Tilly notò che respirava debolmente e dalla sua bocca usciva a tratti un debole lamento.

La piccola cagnolina fece un rapido giro intorno alla belva e in pochi secondi mise a fuoco la situazione: la pantera era prigioniera di una tagliola che con i suoi denti metallici, affondati nella carne, le bloccava completamente la zampa anteriore destra. L'unico modo per andarsene era quello poco probabile di staccare la zampa dal resto del corpo.

Al di sotto dell'arto colpito dalla tagliola, Tilly vide una grossa macchia di sangue ormai scuro e rappreso. Probabilmente il fattaccio era avvenuto molte ore prima e Krarak si è era dissanguata lentamente perdendo tutte le sue formidabili energie. Prendendo ancor più coraggio, la piccola cagnetta si avvicinò ancora per annusare il muso della pantera.

Sentendola Krarak aprì gli occhi intensamente verdi come due smeraldi, ma alla minacciosità nello sguardo si era sostituita la dolcezza della rassegnazione: «Chi sei? – chiese rivolta a Tilly, con un sussurro rauco - e che cosa vuoi ancora da Krarak?».

«Mi chiamo Tilly – rispose la cagnetta tremante - sono una piccola creatura del bosco di due anni d'età ed ero venuta con l'intenzione di aiutare il resto del mio branco a ucciderti, ma vedo che il buon Dio ci ha già pensato da solo» rispose sinceramente Tilly che come tutti cani del mondo non conosceva la menzogna.

«In questo caso, il buon Dio non c'entra nulla – disse Krarak sempre con un filo di voce e senza muovere nemmeno un muscolo del suo corpo che pareva giunto ormai allo stremo delle forze – la trappola nella quale sono finita, l'hanno messa degli uomini cattivi, uomini che lasciano bocconi avvelenati per uccidere le volpi e i cani randagi come te. Lo fanno in un modo terribile, credimi, se mangerai quel boccone lasciato a poche centinaia di metri da questo punto farai una morte tremenda. Io ne ho già visti gli effetti» concluse la pantera. Poi esalando un forte sospiro svenne.

Tilly, osservò per alcuni minuti quello che restava di Krarak, la terribile morte nera, poi decise che doveva raggiungere immediatamente Capitan Brick per metterla al corrente dell'importante novità.

Senza più alcuna precauzione, si mise a correre cercando di non perdersi nuovamente e in dieci minuti raggiunse il gruppo in avanscoperta che avanzava silenziosamente nella notte.

Il primo a sentirla arrivare, fu «tre zampe», grazie al suo istinto indiano; poi la sentirono tutti gli altri, anche perché Tilly correva come se avesse il fuoco alle calcagna e senza la minima prudenza.

Parcifal se la trovò davanti ansante e si dispose insieme agli altri componenti del gruppo ad attendere che ritrovasse il fiato per parlare.

«Ah antera...no... la antera, no, no! La pantera - riuscì a dire Tilly apparentemente sconvolta - la pantera è ferita e sta morendo prigioniera di una tagliola messa dagli uomini cattivi».

A sentire quelle parole i componenti del gruppo si guardarono con aria interrogativa.

Fu Parcifal a riprendersi per primo dallo stupore « Beh ragazzi, - esclamò il vecchio e saggio cane, - mi sembra che questo cambi decisamente le carte in tavola, - poi guardando il resto dello sparuto gruppo aggiunse - ritengo che la soluzione migliore sia quella di spedire Tilly dal Capitano, mentre noi andiamo a vedere che cosa si può fare per Krarak. Un conto è farla scappare dal bosco, un altro lasciarla morire dissanguata per colpa degli uomini... cattivi».

«Ma come,- si stupì «tre gambe» - prima volete ucciderla e poi se ci pensa invece il buon Dio, cercate di salvarla?»

A quel punto CKCS sbottò quasi divertito «Ma che cosa pensavate? Veramente credevate che l'avremmo uccisa? Sapete benissimo che noi cani combattiamo solo fino a che il nemico non si sottomette, e non credo proprio che avremmo cambiato le nostre regole. Poi ho seri dubbi che quella sgangherata moltitudine di cani che ci sta seguendo avesse capito veramente quello che avrebbe dovuto fare».

Saza e Zar seguivano tutto il dibattito senza intervenire e se il loro tremito faceva pensare a una crisi di freddo, il loro occhi invece erano divertiti e brillanti.

«Brutti sacchi di pulci senza senso! – esclamò Scott che fino a quel punto si era tenuto in disparte – ma vi rendete conto che mentre noi facciamo della filosofia una pantera muore e un esercito di cani sta avanzando per... ucciderla, si fa per dire?».

«Scott, ha ragione – disse a quel punto Parcifal – dobbiamo fare qualcosa e subito. Tilly, segui il nostro odore sul sentiero che abbiamo appena percorso e troverai il Capitano con quella sgangherata schiera che lo segue.

Spiegagli la situazione, ma per carità di Dio parlagli in un orecchio senza che gli altri sentano. Deciderà lei come liberarsi di quello che ora è diventato un inutile esercito. Appena siete liberi, portala dalla pantera e là ci troverai – poi, dopo una pausa per prendere fiato, aggiunse guardando negli occhi la piccola cagnetta - hai capito bene Tilly? Nessuno deve sentire quello che dirai al capitano, vai!».

« Volo!» esclamo la bestiola, prima di scomparire come una folata di vento nella macchia.

«Signori – disse a questo punto Parcifal, rivolto ai componenti del gruppo – armiamoci di coraggio e trasformiamoci in una squadra di soccorso. Spero solo che non sia un trucco della pantera per mangiare, altrimenti finiremo presto nella sua capace pancia».

A quelle parole tutti rabbrividirono, tutti meno Saza a Zar che non facevano altro dal giorno della loro nascita!

Tilly corse a perdifiato fino a quando, ansante, balzò davanti al gruppo di cani in fila indiana, che più o meno rumorosamente seguivano il (per il momento) loro capitano.

Si fermò davanti a Capitan Brick facendola trasalire. Il capitano capì immediatamente che Tilly, che stava ansimando come una locomotiva, era portatrice di una notizia importante, ma per una qualche ragione intuì anche che voleva dargliela senza che tutti sentissero.

Ordinò alla colonna di fermarsi, poi seguì Tilly allontanandosi dal gruppo.

«Ebbene che cosa succede? – chiese il Capitano all'ansante staffetta – qual è la ragione dell'angoscia che leggo nei tuoi occhi?»

«Krarak, - rispose la cagnetta ansimante, - non serve più...ah, ah, ah... né cacciarla né ucciderla... ah, ah, ah... dal momento che è caduta in una trappola, una agliola...no, una pagliola....no, no! Ah,ah,ah...».

«Una tagliola?» suggerì il capitano ostentando una calma solo apparente

«Sì, sì!...Ah,ah,ah...proprio una tagliola - riuscì a balbettare Tilly - e sta morendo dissengata! No, disguntata...no, no!».

«Vuoi dire dissanguata?» propose ancora capitan Brick sempre ostentando una notevole pazienza.

«Sì, sì, proprio dissengata...» concluse Tilly che aveva parlato tutto d'un fiato (si fa per dire), proprio mentre ne era completamente priva a causa della folle corsa nel bosco.

«Sei sicura di quello che dici?» chiese titubante Capitan Brick.

«Al cento per pento – rispose Tilly – mi sono avvicinata...arf...le ho parato, no, no... parlato. Ora giace svenuta e penso che fra poche ore non avremo nemmeno più la possibilità di parlarle, perché sarà già morca, no... forca».

«Vuoi dire morta?» suggerì il Capitano, «Sì,sì, morta, volevo proprio dire morta!» concluse Tilly che nel frattempo stava ritrovando la sua respirazione normale.

«D'accordo! – esclamò il Capitano - ora mi tocca di licenziare un esercito!» disse rassegnata la cagnetta, restando per un attimo pensierosa.

Poi rotto ogni indugio si rivolse alla sua staffetta improvvisata: « Seguimi dolce amica, andiamo a vedere come la prendono quei due o trecento balordi che abbiamo messo insieme». Ciò detto, si mise a camminare in direzione del folto gruppo, sfoggiando un coda ben ritta e un portamento da grandi occasioni; anche se sapeva di star per perdere sia la credibilità che la fedeltà di quegli animali che si sarebbero certamente sbandati.avrebbero ripreso ad errare per quelle valli alla ricerca di cibo, a volte morendo sotto i pneumatici delle macchine, a volte ingurgitando bocconi avvelenati, i più fortunati, trovando un padrone momentaneo o a tempo pieno con il quale trascorrere il resto della loro esistenza.

Undicesimo Capitolo

UN PIEDE ROVINATO

L'uomo dagli stivali messicani fu liberato dal peso della motocicletta che lo costringeva a terra e scuotendosi di dosso il liquido refrigerante che gli era colato sul giubbotto di pelle, si accinse a guardare il suo piede, con il vero e proprio terrore di non trovarlo più. Invece il piede c'era ancora, protetto dal pesante stivale Harley Davidson originale, con la punta in ferro. Ma lo stivale risultava completamente abraso nella parte superiore della tomaia. Al contrario, il dolore a piede e gamba era sempre più insopportabile. Era chiaro che se quella mattina avesse calzato i soliti stivali messicani, ora al posto del piede destro avrebbe avuto solo più un moncherino.

«Come stai amore?» gli chiese la sua compagna chinandosi a guardare il suo viso, solo dopo aver posizionato sul cavalletto laterale la pesante motocicletta, grazie anche all'aiuto degli investitori.

«Ho un male terribile – rispose l'uomo dagli stivali messicani mentre spesse lacri

111

me gli rigavano il volto segnato dal dolore – aiutami a spostare in avanti la gamba, per vedere se è rotta» aggiunse, guardando la sua compagna con aria supplichevole.

«Piano – disse lei, mentre gli spostava avanti la gamba - piano, - aggiunse -, lascia-mi vedere se posso aiutarti in qualche modo».

«Arghh!!!» urlò l'uomo non appena la don-na cercò di sfilargli lo stivale.

«Aaargh!!! – urlò ancora - mi fa un male d'inferno» poi prese a tentare di mettersi in piedi, preso dalla disperazione e, soprattut-to, terrorizzato che qualcun altro gli toccasse quel piede.

«Aiutateci!» gridò la ragazza all'indirizzo dei due giovani responsabili dell'incidente, che accorsero immediatamente.

«Aiutatemi a sollevarlo da terra, non può usare una gamba!» gridò ancora.

In tre lo sollevarono da terra fino a quando l'uomo trovò un equilibrio posticcio su una sola gamba.

Poi rimasero tutti e tre increduli a guardarlo montare nuovamente in sella alla motocicletta.

«Non c'è niente da stupirsi – disse l'uomo dagli stivali messicani - la motocicletta non possiamo abbandonarla qui e con una sola gamba io non posso andare da nessuna parte, allora propongo questo breve programma: con una gamba, la sinistra, posso cambiare marce, il freno lo azionerò con la mano destra e la frizione con la mano sinistra, come al solito. L'unica cosa che non potrò fare sarà quella di frenare con il freno posteriore e di scendere dalla moto. Ma se voi portate la mia ragazza con voi sulla vostra macchina, io riesco a salire fino alla nostra casa che è fra tre curve, vicino al campetto di calcio. Poi voi mi tenete la motocicletta in piedi mentre scendo, e mi portate di corsa all'ospedale. A meno che uno di voi due se la senta di portare questa motocicletta con tanto di ruota anteriore deformata dall'urto».

I due giovani si guardarono interrogativamente, ma fu subito chiaro che nessuno dei due aveva mai guidato una moto di quelle dimensioni, quindi si offrirono di accompagnare la sua compagna fino alla casa e poi tutti e due all'ospedale.

«Ma sei sicuro di farcela? - domandò la ragazza rivolta all'uomo dagli stivali messicani, non senza una grande preoccupazione nei suoi dolci occhi,- non è che poi cadi e ti conci anche peggio di così?»

«Tranquilla - rispose l'uomo, mentre con la mente incrociava le dita dietro la schiena in segno di scaramanzia, - sarà una passeggiata – disse scherzando, per aumentare il senso di sicurezza che cercava d'infondere alla donna - un niente!»

Detto ciò, fra gli sguardi dubitativi di tutti i presenti mise in moto il veicolo. La motocicletta sobbalzò sulla ruota davanti leggermente deformata, quando l'uomo lasciò andare la frizione. Il motociclista per un attimo sembrò sul punto di cadere, poi riprese il controllo, dimostrando che nonostante il dolore e solo tre arti su quattro, riusciva egualmente ad andare in motocicletta.

Sparì dietro la curva e i due ragazzi insieme alla donna, si affrettarono a seguirlo con l'auto che, fortunatamente, non aveva subìto alcun danno.

Lo ritrovarono fermo, a motore spento, davanti al pesante cancello di ferro della sua casa, appoggiato all'unica gamba in grado di reggerlo.

Stoicamente e con l'aiuto di tutti riuscì a mettere al sicuro la moto e poi, finalmente, si lasciò trasportare all'ospedale.

Non riusciva nemmeno a pensare di appoggiare a terra il piede. Non appena lo muoveva veniva colto da un dolore terribile. Causa il pesante stivale che lo fasciava fino al polpaccio, non era possibile vedere in che condizioni era la parte dolorante, ma la situazione sembrava peggiorare di minuto in minuto.

Il meglio però doveva ancora venire. Al pronto soccorso dell'ospedale lo accolse una rubiconda infermiera dai capelli rossi che prese in mano un grosso paio di forbici dicendo: «Vediamo un po' che cosa è capitato a questo bel piedino». Terminò la frase avvicinando le forbici al piede dell'uomo dagli stivali messicani, che la guardò con orrore.

«Ma che cosa ha intenzione di fare?» chiese il motociclista evidentemente allarmato.

«Semplice - rispose l'infermiera - tagliamo lo stivale per vedere in che condizioni ha il piede e la gamba».

«Che cosa!? - urlò l'uomo - e lei vorrebbe distruggere un paio di stivali originali Harley Davidson, con la punta in acciaio, che hanno già fatto due giri d'Europa in motocicletta, per salvare il mio...bel piedino, come lo chiama lei?», domandò ancora il motociclista, con una espressione di orrore. « Beh, - esclamò risentita l'infermiera - veda lei.

Se riesce a toglierselo da solo... io torno fra un attimo, se ce l'ha fatta bene, sennò...» e si allontanò agitando minacciosamente le forbici.

L'uomo dagli stivali messicani rimase solo. Da un lato il dolore atroce e dall'altro la salvezza del suo stivale. Che fare? Poi sembrò decidersi, si lasciò cadere su una sedia e prese a tirare e a torcere. «Che vada all'inferno questo fottuto piede – pensò – non c'è nessun piede che valga quanto uno dei miei stivali!»

Ma fra il dire e il fare c'è di mezzo il mare. Quando l'infermiera riapparve sulla porta, trovò quello che restava di uno spavaldo motociclista. L'uomo era coperto di sudore, il volto stranito dal dolore che aveva patito nel tentativo di togliersi quello stivale, aveva tentato fino all'esaurimento delle forze. Era così sconvolto, che la donna, mossa da umana compassione, mise via le forbici e cercò di aiutarlo versando nello stivale una boccetta di olio di vaselina. Ci volle un buon quarto d'ora ma alla fine il piede venne fuori e lo stivale fu salvo.

L'uomo dagli stivali messicani, non portava le calze da anni e non si lavava quasi mai i piedi con il sapone, solo con acqua corrente o di mare.

Quello che uscì dallo stivale non era certamente un bello spettacolo: del piede era rimasto solo il ricordo. Tutta l'articolazione era completamente blu tendente al viola e stava gonfiando rapidamente.

Una radiografia dimostrò che non era rotto, ma che purtroppo erano irrimediabilmente danneggiati i legamenti della caviglia.

Coraggio, gli disse il medico di turno, mollandogli una pacca sulle spalle, mentre lo accompagnava con una sedia a rotelle verso l'uscita, dopo le necessarie cure camminerà ancora, ma non subito e non con la stessa scioltezza.

* * *

DODICESIMO CAPITOLO
SITUAZIONE D'EMERGENZA

Il piccolo esercito di cani randagi si era riunito intorno a Capitan Brick, che doveva affrontare l'arduo compito di licenziarli.

«Signori - disse Capitan Brick, con un tono che non ammetteva repliche – una staffetta mi ha appena comunicato che la morte nera, la terribile Krarak, è morta, in seguito ai devastanti effetti di una tagliola che le ha maciullato la gamba destra, fino a dissanguarla. Quindi, a meno che non vogliate partecipare al suo funerale, il vostro compito si esaurisce qui.

Siete liberi di tornare alle vostre attività quotidiane. Da oggi, non dovrete più preoccuparvi della terribile Krarak, il buon Dio con l'aiuto delle trappole messe dall'uomo hanno fatto tutto il nostro lavoro».

Qualcuno si offese, altri fecero spallucce, molti tirarono un sospiro di sollievo poiché non avevano mai visto di buon occhio l'idea di scontrarsi con una pantera nera. Comunque la prendessero, Capitan Brick sapeva che non le avrebbero mai più creduto.

Fra cani è così, quando metti insieme un branco, non puoi più abbandonarlo. E se lo fai, perdi per sempre la tua credibilità. Il folto branco si disperse in pochi minuti. Nessuno si voltò indietro. I precedenti capi branco riacquisirono le loro funzioni. Nel giro di poche ore tutto sarebbe passato nel dimenticatoio.

Una mezzora dopo, il capitano e Tilly stavano in piedi in mezzo al loro piccolo gruppo, tutti pensierosi ad osservare il lungo corpo nero di Krarak apparentemente in fin di vita. Era proprio lei, la pantera nera, l'ex terrore della valle. Si vedeva chiaramente che aveva ormai le ore contate. La tagliola aveva inciso profondamente la carne, tagliando alcune vene importanti e anche se il dissanguamento era stato rallentato dalla scarsa attività motoria dell'animale, ormai la vita la stava abbandonando.

I cani la guardavano impotenti, non sapendo che cosa fare. Per loro era impossibile intervenire. Nulla potevano contro quella morte, sprovvisti come erano delle mani e degli opportuni strumenti medici.

Forse poteva andare bene così per tutti, ma non per Capitan Brick. L'intrepida cagnetta dopo un quarto d'ora di meditazione sembrò risvegliarsi.

«Beh, che cosa fate lì imbambolati! – esclamò con voce stentorea – datemi una mano, so dove trovare un uomo in grado di salvarla»

«Sì? E come ce la portiamo? - domandò CKCS - peserà almeno un centinaio di chili - concluse il piccolo Cavalier King Charles Spaniel.

«Io non ho nemmeno la forza di spostarla di un centimetro» borbottò Saza, «Già, siamo messi male quanto a potenza...» – aggiunse Zar guardando la pantera che gemeva debolmente fra le foglie secche del bosco.

«Mi sembra che siamo a un punto morto» mormoro a bassa voce Parcifal, il vecchio Shetland Sheepdog. «Già pare proprio così», gli fece eco Scott, il piccolo e nero Scottish Terrier che non voleva più saperne degli uomini

«Ehi, ma che cos'è, la riunione dei perdenti? - disse baldanzosamente Pa-hu-ka-ta-wa, detto «tre gambe», e continuò – prima di tutto nessuno ha tenuto conto della mia forza, e poi noi indiani sappiamo bene come trascinare dei pesi da prima dell'invenzione della ruota».

«Ah sì?- domando Parcifal - e che cosa facevate, volavate?» concluse ironicamente.

«No! – rispose il lupo - usavamo dei tronchi» e nel frattempo aveva iniziato a scardinare con i denti un grosso ramo spezzato da cespuglio che lo teneva prigioniero.

«Dei tronchi? – chiese Capitan Brick, che fino a quel momento aveva ascoltato in silenzio – sii più preciso per favore» aggiunse, guardando tre gambe con viva attenzione.

«Non è difficile come sembra – disse il giovane cane lupo, poco cane e molto lupo, - si prende un telo e si lega fra due pali. All'estremità bassa il compito di strisciare sulla terra, a quella alta, il compito di stare attaccata al sedere del cavallo.» concluse Pa-hu-ka-ta-wa, quasi scusandosi per la piccola confusione che aveva messo in piedi.

Ma non si può pretendere di più da un cane lupo di appena un anno d'età, che quando gli indiani montavano le slitte, non faceva altro che giocare come un pazzo tirando tutto ciò che capitava a distanza di denti e rosicchiando tutti i pali, fra le matte risate della tribù.

A quel punto Parcifal scoppiò in una fragorosa risata « E chi sarebbe quello di noi che sa fare i nodi?», disse ancora con le lacrime agli occhi per il gran ridere.

«Ci sono! – esclamò il Capitano, che evidentemente continuava a cercare una soluzione ed era giunta a un qualche cosa che sembrava un rimedio - chi ha inventato la ruota, non era un imbecille ed è proprio grazie a quella che porteremo in salvo Krarak - disse tutto d'un fiato, e aggiunse - a meno di un chilometro da qui, inizia un piccolo paese, proprio alle sue porte c'è un piccolo calesse abbandonato che veniva usato dal figlio di un fattore, con il suo cavallino. E' abbandonato da anni, ma l'ultima volta che l'ho visto aveva ancora le ruote», concluse il capitano non senza una certa agitazione e scodinzolando vistosamente.

«E fino al calesse come ci arriviamo?» Domandò Scott che come al solito, era il più pragmatico del gruppo.

«Trascinandola con i denti» – rispose il Capitano, e nel farlo guardò in direzione di tre gambe, «Ho capito, come al solito tocca sempre a me, fare fatica»- disse fingendo un profondo dispiacere il giovane cane lupo, che invece era felicissimo di essere così importante.

«Certo che fra tutti noi non ce n'è uno che scelga le strade facili – sbottò Parcifal con tono seccato – la cosa più semplice – continuò- è che «Tre gambe vada con il capitano a prendere il carretto e a portarlo qui, così invece di portare la pantera al carretto, portiamo il carretto alla pantera, non vi pare?».

La soluzione piacque a tutti e in breve venne stilato un piano che vedeva il resto del branco impegnato a liberare la tagliola dal pesante tronco su cui era bloccata la catena. Si trattava di usare i denti e quelli di sicuro non mancavano.

Nel frattempo l'oscurità che precedeva l'alba venne attraversata dall'incredibile quanto evanescente figura di un cane lupo che tirava un carretto sul quale troneggiava una piccola meticcia bionda. Era la cosa più ridicola che si fosse mai vista in quella valle ma a quell'ora tutti o quasi tutti dormivano profondamente.

Ci volle oltre un'ora per rosicchiare le cime che tenevano ferma la catena della tagliola, e nel frattempo il calesse era arrivato a destinazione.

Non appena furono pronti, tre gambe prese per la collottola Krarak che non dava quasi più segni di vita, e iniziò a trascinarla in salita per issarla sul calesse mentre gli altri cercavano di aiutarlo come potevano. Poi la lentissima processione si mise in cammino e il Capitano spedì Tilly in avanscoperta, come al solito.

Intanto si stava facendo giorno e i colori rosati dell'alba presero a spennellare il cielo. In breve il bosco divenne quasi un paradiso incantato, con una specie di nebbiolina bassissima che si distese fra i tronchi degli alberi vivi e quelli crollati e putrescenti. Tutto sembrava muoversi nell'ovatta.

Tutto, ma non i due energumeni, spargitori di veleni che Tilly si trovò innanzi d'un tratto. Erano gli stessi che Krarak aveva visto mettere bocconi avvelenati, ma Tilly non lo poteva sapere e fu immediatamente presa a calci non appena si avvicinò per annusarli, scodinzolando vistosamente

«Ehi, guarda come vola questo cagnetto con un calcio - disse quello con il basco da paracadutista – sembra fatto di piume – aggiunse, facendo ridere il compagno che accompagnò la sua risata con una rumorosa scoreggia e con uno sputo di tabacco verso terra.

Tilly guaì disperata e si mise a correre nuovamente verso il suo Capitano.

Giunse in vista del gruppo di cani che stava trascinando il calesse con la pantera e corse da Brick. Lì giunta, come al solito cominciò a fare una grande confusione: «ude cicanti ngono so dinoi...»

«Calmati – disse il Capitano, - che succede?».

«De gianti vengono erso do noi» cercò ancora di dire la cagnetta che oltre al fiatone era anche sconvolta dal dolore per il calcio che le aveva probabilmente frantumato alcune costole.

«Vuoi dire due gigant...» le parole morirono in bocca al Capitano che si trovò davanti al muso la canna di un fucile calibro 12.

La scena si cristallizzò. I cani rimasero impietriti prima dalla paura e poi iniziarono a ringhiare, tutti, meno tre gambe che aveva ancora fra i denti la staffa del calesse che trasportava il corpo di Krarak.

«Bene - esclamò il grassone con il cappello della portaerei Saratoga – vediamo che cosa abbiamo qui, aggiunse con un'ironia minacciosa e tenendo il fucile puntato verso il Capitano, cinque o sei bastardini che stanno tentando di divorare la carogna di una pantera, ma che dico, che la stanno portando in carrozza.

Ma allora è vero che c'era una pantera da queste parti, - continuò sempre con lo stesso tono che non faceva presagire nulla di buono, - la pantera però, miei cari cagnetti, è nostra, perché come potete notare quella che ha intorno al piede è una delle nostre tagliole. Quindi toglietevi dalle scatole in fretta, prima che il dito mi diventi nervoso», concluse con molta tracotanza, certamente dovuta al fucile che stringeva fra le mani. I cani non si mossero.

«Spara due colpi in aria» suggerì il secondo, che era un po' preoccupato dal sordo brontolio che usciva ora dalla gola di tutti i cani.

Davanti a loro una sfilza di zanne bianche e di labbra arricciate. Nessuno aveva intenzione di scappare, proprio nessuno, nemmeno il capitano che aveva il terrore delle armi da fuoco.

Il boato degli spari fu tremendo ed ebbe come risultato di creare un grande scompiglio. Capitan Brick scoprì d'essere più terrorizzata del sopportabile e si gettò in un cespuglio. Gli altri scomparvero come per incanto. Rimase solo tre gambe a fronteggiarli, i denti completamente scoperti, pronto a balzargli alla gola.

«Ammazzalo!» urlò il grassone con il basco amaranto in direzione del compare.

L'uomo ricaricò il fucile e abbassò la canna verso Pa-hu-ka-ta-wa.

«Sei giunto al capolinea bastardo di un lupo» esclamò l'uomo mentre cominciava a premere il grilletto.

* * *

TREDICESIMO CAPITOLO

ALL'ULTIMO SECONDO

L'uomo con gli stivali messicani, era marcio di sudore, per aver appena fatto le scale, con una gamba e un ginocchio, la sua compagna lo aiutava come poteva, mettendo un cuscino sotto il ginocchio e spostandolo ogni volta sul gradino successivo, prima che l'uomo appoggiasse la delicata articolazione a terra. Intanto Rum, lo splendido bovaro del bernese, li osservava curioso.

Ogni gradino veniva affrontato con calma, da anni l'uomo aveva circa 15 chili in sovrappeso da portarsi appresso e in quei momenti avrebbe voluto certamente essere più magro.

Comunque ce l'avevano fatta, erano arrivati fin sul piccolo terrazzo che dominava tutta la valle, e che a quell'ora offriva una vista da film in panavision: 70 chilometri di alba con nuvole fucsia simili a coppe di panna montata.

Comodamente seduto su una poltrona di vimini si mise ad osservare il bosco con il potente binocolo da marina 8 ingrandimenti, come era solito fare per passare il tempo. Stava scorrendo il sottobosco quando i suoi occhi furono attratti da uno spettacolo inconsueto: un gruppetto di cani che scoprì essergli familiare, stava immobile in atteggiamento minaccioso, davanti a due cacciatori corpulenti, con dei copricapo di foggia militare. La cosa che lo colpì, maggiormente era che il più grasso dei due puntava la doppietta verso una piccola cagnetta bionda, paralizzata dal terrore.

«Amore – gridò verso il basso l'uomo dagli stivali messicani – portami la balestra e una freccia, presto!»

«Arrivo – gridò la donna dal basso, che sapeva distinguere ogni suo tono di voce – sto arrivando» e in men che non si dica era davanti a lui, ansimante con la pesante balestra fra le mani e una freccia.

L'uomo dagli stivali messicani, pur con fatica e da seduto, riuscì a spingere il calcio della balestra contro il muro del terrazzo e a caricare il meccanismo. Poi incoccò la freccia e tolse i coperchi del cannocchiale di precisione.

«Che succede?» gli chiese la donna allarmata, «Nulla – rispose l'uomo con indifferenza - una coppia di bastardi, sta

130

per uccidere dei cani» continuò mentre aggiustava il cannocchiale di collimazione.

In quel momento si stava proprio chiedendo che cosa poteva fare da quella distanza, quando vide il grassone con la doppietta, sparare due colpi in aria e i cani sparire nella macchia. Tutti meno uno, che stava invece ritto ad affrontarli con alle sue spalle un grosso fagotto nero posto sul seggiolino di un piccolo calesse.

Osservò l'uomo che stava per sparargli e si ricordò del laser professionale che aveva montato sulla parte inferiore della sua Barnett Commando.

Una semplice pressione del dito e il sottile filo rosso partì in direzione della fronte dell'uomo a destra di quello armato con il fucile. I trecento metri di distanza non fecero differenza e il raggio mantenne la sua compattezza.

L'uomo dagli stivali messicani, vedeva chiaramente attraverso il reticolo il puntino rosso brillare sulla fronte dell'uomo, esattamente due centimetri a destra del centro di collimazione del cannocchiale.

«Non ti muovere!» Disse il grassone con il cappello della portaerei americana all'amico, che aveva guardato casualmente un attimo prima di premere il grilletto solo per avere un cenno d'assenso prima di uccidere il lupo. «Resta fermo così, sei sotto tiro e hai un fucile di precisione puntato proprio in mezzo agli occhi». La scena si cristallizzò completamente e il volto dei due uomini sbiancò fino ad assumere il colore di un lenzuolo.

«Lasciate stare quel cane o vi ammazzo tutti e due!» Sentirono arrivare da lontano e con voce tonante i due bracconieri nonché avvelenatori di cani. «Mettete giù il fucile e allontanatevi senza voltarvi indietro» aggiunse ancora la voce tonante che sembrava venire dal Paradiso tanto era forte e possente.

Il Grassone, con mano tremante aprì l'otturatore e lasciò cadere a terra le due cartucce calibro 12 caricate a pallettoni, che avrebbero fulminato il povero Pa-hu-ka-ta-wa che nel frattempo, non sapendo più che fare, stava immobile e ringhiava.

Il nostro tre gambe, non avrebbe mai saputo chi lo aveva salvato. I bracconieri si allontanarono in silenzio senza voltarsi indietro, ben felici di essersela cavata a buon mercato e il silenzio ricadde sul bosco in modo... quasi rumoroso.

Proprio in quel momento il primo raggio di sole si fece strada fra l'intrico di foglie e raggiunse il sottobosco. L'alba stava lasciando spazio al mattino, gli uccelli presero a cantare e in breve sembrava che nulla fosse successo. Ma i due sordidi individui avevano ricevuto una pesante lezione e per molti giorni non si sarebbero più fatti vedere da quelle parti. Anzi a dire il vero, nessuno li vide più.

All'insaputa di tutti, quel mattino avevano raccolto una trentina di ovuli identificati come funghi reali dal sottobosco e accompagnandoli da un buon bicchiere di vino se li erano mangiati in insalata, tritati fini, fini e con olio e limone, una vera delizia. Purtroppo per loro non erano i consueti funghi reali *Amanita cesarea*, ma ovuli di *Amanita phalloides*.

La natura aveva reso loro quanto avevano dato. In sole 48 ore erano in punto di morte e a nulla valsero le lavande gastriche a cui furono sottoposti.

Morti avvelenati dai funghi, scrissero sui giornali locali. Ma la notizia non arrivò più in là della valle. Quei due grassoni non contavano proprio nulla e non avevano neanche molti amici.

Tutto questo il gruppo di cani non poteva saperlo né l'avrebbe mai saputo. Poco dopo l'incidente ripresero il faticoso

lavoro per trascinare la pantera nera fino allo studio veterinario.

Per raggiungere la clinica di Birbanti, impiegarono alcune ore, durante le quali rischiarono più volte di essere investiti e schiacciati dalle macchine e dagli auto-

carri che percorrevano velocemente la stretta strada statale.

«*Studio veterinario, aperto 24 ore su 24, si curano anche animali selvaggi, fuori dalle ore di studio suonare il campanello*».

Così recitava la piccola targa vicino al

campanello. Purtroppo nessuno di loro sapeva leggere quindi si misero pazientemente ad aspettare.

Capitan Brick aveva avuto ragione a portarli lì. Quel veterinario era un esperto di animali selvatici conosciuto in tutta la regione. Da lui portavano le aquile, i falchi, i gufi, le civette, i barbagianni, i cinghiali, i caprioli e tutti quegli animali selvaggi che avevano bisogno di cure urgenti.

L'ambulatorio era sempre pieno di cani, gatti, topi, criceti, canarini, cocorite, pappagallini.

Ma quel giorno, data l'ora le 8 e 30 del mattino regnava un silenzio di tomba.

Tutto chiuso. Evidentemente Birbanti non c'era, oppure stava facendo colazione. «Che facciamo – chiese CKCS, evidentemente stravolto ed assetato, mentre tutti i cani del gruppo cercavano riparo all'ombra della quercia e dei muri della clinica.

«Già, ora che facciamo?» ripeterono tutti in coro, mentre la povera KRARAK pareva già morta da ore.

«Ci resta una sola cosa da fare – disse Capitan Brick – se abbaiamo come cani normali non verrà a nessuno in mente di venire a vedere, ma se inventiamo un modo anormale di abbaiare, sicuramente desteremo l'attenzione di Birbanti», concluse la cagnetta che come sempre dimostrava un acume fuori dal comune.

«Ma noi non sappiamo nemmeno abbaiare in modo normale» dissero in coro i due tremanti levrieri. «Bene allora state zitti e lasciate cantare Scot, CKCS, tre gambe e me» esclamò il capitano un po' innervosita.

I quattro cani presero posto al centro del cortile e a questo punto Capitan Brick disse: «Se alzo la zampa voi abbaiate, se l'abbasso smettete immediatamente, chiaro?» chiese ai suoi tre compagni che ostentavano uno sguardo fra lo sconvolto e il compassionevole.

«Ehem, - si raschiò CKCS - c'è un piccolo problema, noi siamo cani non la filarmonica di Berlino»

«Ebbene non vi sto mica chiedendo di fischiare come merli – lo interruppe irritata Capitan Brick, e aggiunse, - bando agli indugi. Ricordate: quando alzo la zampa voi abbaiate quando l'abbasso smettete».

Forse sarebbe andato tutto bene se la cagnetta si fosse ricordata che date le sue mancanze vitaminiche, e i suoi problemi di nascita, aveva le zampe storte, corte e asimmetriche. Con il risultato che se alzava una zampa anteriore e non voleva cadere a terra, doveva immediatamente riabbassarla.

Quando il concerto incominciò, Brick aveva alzato e riabbassato la zampa prima che uno solo dei cani avesse avuto il tempo di cominciare ad abbaiare. Ne venne fuori una sorta di coro sguaiato e totalmente fuori tempo, e quando tutti ebbero finito rimasero a guardarla con aria interrogativa.

«Che il cielo mi fulmini se questo non è il solito modo sconclusionato di abbaiare di un branco di bastardi di periferia!» Esclamò il capitano sconsolata.

«Va bene allora facciamo così - aggiunse sperando che la capissero – io mi alzo sulle due gambe posteriori e voi abbaiate, io mi abbasso e voi smettete, chiaro?»

Tutti e tre i componenti l'orchestra fecero un cenno affermativo.

Fu così che Brick si alzò sulle gambe di dietro appoggiando il sedere a terra, ma proprio mentre il coro partiva, giunse sulla scena il dott. Birbanti.

«Maremma boscaiola! - esclamò il dottore - ma che razza di spettacolo l'è questo?» - aggiunse, con un forte accento toscano.

Se avesse potuto il capitano si sarebbe scavata una fossa profonda per scomparire tanta era la vergogna che aveva provato nel farsi trovare così.

Poi gli occhi del medico degli animali caddero sulla pantera e l'uomo impallidì.

«Ma tu guarda che cosa mi hanno portato sti' quattro bastardini – disse vivamente scosso, e poi voltandosi verso il capitano – ma tu non sei forse la hagnetta del holonnello inglese?»

Brick non se lo fece ripetere due volte e corse dal dottore scodinzolando per prendersi la sua dose di carezze.

Poi Birbanti si riebbe dalla sorpresa e cominciò a sbraitare ordini al telefono e facendo letteralmente precipitare tutti gli assistenti veterinario nel laboratorio. In men che non si dica Krarak venne liberata dalla tagliola, operata e riempita di liquidi zuccherini per ripristinare il molto sangue che aveva perso.

I nostri cani però non stettero certo a guardare la scena, dopo un lauto pasto a base di crocchette e minestrone, si misero a dormire profondamente, mentre capitan Brick intonava un canto russo, che l'aveva resa famosa in tutto il bosco. Il motivo era più o meno così: *ZZZZZ ZZZZZ ZZZZZ*

«Senti com'è russa», diceva sempre Scott a Zar in quelle occasioni, e poi tutti giù a ridere come matti.

*   *   *

PARTE SECONDA

Primo Capitolo

IL RITORNO DI KRARAK

Erano passati diversi mesi e la pantera nera era perfettamente guarita, grazie alle cure del dottor Birbanti e a quelle del capitano che passava delle intere giornate a parlare con lei. La piccola cagnetta era rimasta senza branco e non aveva più nessuno con cui stare ne, tanto meno, da comandare.

Tre gambe aveva ritrovato la sua tribù ed era ripartito salutando tutti calorosamente e ringraziandoli per i bei momenti passati insieme.

Saza e Zar, i due magri levrieri, erano stati adottati da una anziana signora che li viziava dal mattino alla sera e insieme alla loro padrona affetta dal morbo di Parkinson, facevano un terzetto di una magrezza e di una pena sconvolgente; ma erano finalmente tutti e tre felici: i due cani di aver trovato un padrone, l'anziana signora di non essere più sola e di aver

qualcuno cui dedicarsi.

Parcifal, era partito per un lunghissimo viaggio - senza ritorno - e stava trotterellando insieme a dei nuovi amici nei Campi Elisi, in parole povere aveva esalato l'ultimo respiro un bel mattino di fine settembre, mentre dormiva e non si era proprio accorto di morire. CKCS e Tilly erano stati ripescati dal padrone della fattoria di Tilly e facevano a gara a seguire e a volte a precedere il trattore del padrone, divertendosi come matti e rincorrendo le rare automobili di passaggio. Scott, che odiava gli uomini come nessuno al mondo, si era rifiutato di stare nei pressi dell'ospedale di Birbanti, aveva salutato tutti, in particolare Capitan Brick con un sospiro, ed era scomparso nelle valli.

La piccola meticcia, invece, aveva stretto una grande amicizia con Krarak e i due animali passavano i giorni e le notti insieme. Krarak le raccontava le sue avventure e i lontani ricordi delle foreste indiane, facendole sognare fantastiche avventure nella giungla del Bangladesh.

Purtroppo un bel mattino d'inizio autunno, Birbanti arrivò con un grosso autocarro e una gabbia. Poi, mentre i due animali si chiedevano allarmati che cosa stesse succedendo, prese ad accarezzarli dolcemente tutti e due.

In particolare parlò rivolgendosi al capitano e disse, sfiorandole il musino: «Vecchia mia, stai per hornare ad essere sola. Krarak l'è perfettamente huarita e abbiamo ottenuto l'autorizzazione di riportarla nelle sue horeste del Bangladesh. Resterà per sei mesi in un centro di riadattamento e poi sarà lasciata libera».

Brick dette una occhiata a Krarak e vide nei suoi freddi occhi verdi un guizzo di vitalità e di gioia che non aveva mai visto.

A quel punto, Krarak si alzò, si stirò abbassando le gambe anteriori, fece sciabolare al vento la sua lunga coda nera con movenze serpentine e disse guardando il veterinario: «Non credevo che esistessero uomini come te e tu non capirai mai quanto mi fai felice facendomi riportare a casa – poi rivolta al capitano – Capitan Brick, mi spiace moltissimo perdere la tua compagnia e se penso che senza di te oggi io sarei solo uno scheletro ripulito dai corvi, mi viene da piangere. Ma il mio istinto mi obbliga ad accettare il passaggio. Devo tornare, a casa mia e cercare un compagno per riprodurmi, reinserirmi nel grande ciclo della vita che è la ragione per cui sono nata».

Brick ascoltò tutto nella sua solita posizione appoggiata sulle gambe posteriori. Con il nasino in su, senza dire una parola. Mentre la Pantera parlava sentiva la mano gelida della solitudine ghermirle il cuore. Ma non parlò, non rese più difficile il distacco, tenne per sè il suo dolore e lo sgomento.

Poi venne il momento dei saluti. Krarak balzò come solo un felino sapeva fare, sul cassone dell'autocarro e prese posto nella sua gabbia. Aveva della paglia su cui sdraiarsi e un angolino dove fare popò e pipì. Ne sarebbe uscita solo per conoscere i veterinari che l'avrebbero riadattata alla vita selvaggia del Bangladesh. Poi la libertà, nella sua foresta. Krarak sentiva dentro di se una forza inarrestabile e una gioia infinita. Poter correre libera, ma non nei boschi della Toscana, alla ricerca di topi o cani sbandati per placare la sua fame, bensì fra le sue felci, fra le foglie grandi e umide della foresta indiana, appollaiata su grandi alberi ad ascoltare le grida degli uccelli tropicali.

Poi l'autocarro partì e quando nel cortile rimase solo più la polvere delle grosse ruote che si allontanavano, Capitan Brick riprese mestamente la strada del vagabondaggio e della solitudine. Sapeva che Birbanti non l'avrebbe tenuta, sapeva che nessun uomo la voleva a causa della sua bruttezza e si allontanò senza voltarsi indietro e senza farsi notare dal dottore che certamente l'avrebbe invitata a restare ancora un po'. Ma a che serviva illudersi, quello era un ospedale per i malati non una casa per cani abbandonati e il capitano aveva nel fondo del cuore la speranza di trovare anche lei un padrone.

Prese a vagare nei boschi, mentre il freddo aumentava di giorno in giorno. Di notte scavava un profondo buco nell'humus del bosco e si scaldava con la combustione della putrefazione delle foglie, appallottolandosi tutta dentro. Di giorno cercava le immondizie e se non trovava nulla mangiava le castagne cadute a terra, anzi era diventata una vera esperta nel pelare le castagne. Purtroppo, tre grosse zecche avevano preso dimora sul suo muso nella zona superiore agli occhi. Non poteva vederle ne liberarsene, ma ne avvertiva il fastidio che aumentava di giorno in giorno, man mano che le zecche gonfiavano e affondavano ancor più i loro artigli nella testa del...ex capitano.

Il pranzo era quasi sempre una serie di castagne crude, la cena una serie di castagne crude, in qualche rara occasione la pattumiera degli uomini riusciva a sfamarla e, fortunatamente, gli avvelenatori di cani erano già morti da mesi. Così non ebbe occasione di trovare un boccone avvelenato che data la sua fame avrebbe certamente ingurgitato con bramosia. Camminò fino a perdere tutte le forze e tutte le speranze, poi venne la neve e diventò ancora più difficile e freddo. Un giorno cadde sfinita a terra, ai margini di una strada. Dal suo nasino usciva il fumo caldo, la neve cadeva sul suo pelo biondo e non aveva più voglia di rialzarsi. Perché farlo? Per mangiare qualche castagna in più?

Trascinarsi avanti ancora qualche settimana? Per fare ancora dei chilometri e andare a morire da un'altra parte?

Sapeva che non sarebbe sopravvissuta ai 20 gradi sotto zero dell'inverno incombente che da quelle parti era particolarmente rigido. Quindi giunse alla conclusione di addormentarsi lì dov'era, sperando di risvegliarsi nelle verdi praterie di Manitou, come diceva ridendo Pa-hu-ka-ta-wa il suo amico «tre gambe».

Sorrise al pensiero di quel mattacchione, poi la sua mente fu attraversata dall'immagine del vecchio colonnello, dalla dolcezza delle sue carezze e dalle confidenze di Krarak. Vide la pantera galoppare nella foresta tropicale, come se la immaginava lei, correre veloce come il vento, poi fece un lungo sospiro, l'ultimo, e si abbandonò al suo destino. La neve l'aveva coperta quasi tutta ed era già invisibile alla maggior parte degli uomini.

* * *

Secondo Capitolo

UNO STRANO INCONTRO

*L'*uomo vestito di rosso, era veramente grasso, con una grossa pancia rubiconda a stento trattenuta da una grossa cintura che chiudeva dei capaci pantaloni pesanti di flanella rossa impermeabile alla pioggia e alla neve. Il volto quadrato, era incorniciato da una barba bianca immacolata; bianchi come neve, erano anche i suoi capelli.

Il naso era grande, proporzionato alla pancia e leggermente paonazzo; per via del freddo s'intende, e magari anche un po' per l'abitudine di bere troppo vino nelle notti di solitudine.

Sarà pesato 140 chili a dir poco, ma la cosa più bella erano gli occhi: un verde azzurro venato di nocciola. Occhi da navigatore solitario, da marinaio, peccato che li teneva quasi sempre semi chiusi, per la luce del sole eccessiva, per difendersi dal vento freddo oppure per sforzarsi di guardare lontano.

Quella sera l'uomo vestito di rosso stava

rientrando con un grosso fardello di legna secca, di piccolo taglio, quella che sembrava inutile agli sprovveduti , ma che era necessaria, anzi indispensabile per accendere rapidamente il fuoco.

Stava per attraversare la stretta strada statale, quando vide sporgere un qualche cosa di biondo da sotto un cumulo di neve. Si avvicinò cauto e curioso, era purtroppo abituato a vedere lo spettacolo grottesco di cani interamente maciullati da automobilisti frettolosi, che li lasciavano a morire e a marcire ai bordi delle strade. A volte anche in mezzo al nastro d'asfalto, con le interiora di fuori, schiacciati e rischiacciati da automobili e autocarri, fino ad assumere lo spessore di qualche millimetro. A quel punto, chi li rischiacciava per l'ennesima volta sentiva solo più un insignificante saltino e il suo pensiero andava a quello che l'animale su cui era passato poteva essere stato in vita: un cane, un gatto, un riccio, una volpe, una faina? E chi potrebbe dirlo conciato così. Certo qualcosa, quella macchia sull'asfalto, un tempo lo era stata.

Così, l'uomo vestito di rosso, scostò la neve con un piede coperto da un pesante stivale di foggia poco consueta, apparentemente antico, e vide che il corpicino privo della rigidità tipica dei cadaveri, non era smembrato dalle ruote impietose delle auto, anzi gli parve di vedere un sottile filo di vapore uscire dalle piccole narici poste sul bottone di carne nera in cima al muso. Un cane di nessun valore. Un piccolo bastardo, un meticcio, come ce n'erano mille in quella valle fra vivi e morti.

«Ma qui c'è ancora la vita» pensò l'uomo vestito di rosso. Immediatamente lasciò cadere a terra la fascina di legna e si mise frettolosamente a spazzare la neve sul corpo di quella che non ci mise molto a comprenderlo, era una piccola cagnetta dal pelo biondo.

L'animale non reagiva più. Gli occhi serrati, i denti quasi scoperti in un ghigno mortale che avrebbe trattenuto chiunque dal toccarla. Tre grosse zecche albergavano sul musetto, succhiando e succhiando, fino a quando quel corpo fosse stato vivo, fino a quando ci fosse stata una goccia di sangue caldo e digeribile. Pronte però ad abbandonarlo non appena il suo cuore avesse cessato di battere. L'uomo vestito di rosso pensò a quanto quelle zecche erano simili ai direttori di banca, costretti per scalare la vetta del successo a

succhiare il sangue di migliaia di pove-
racci, incapaci ormai di liberarsi di loro, e
caduti irrimediabilmente nella spirale dei
debiti, senza più alcuna via d'uscita.

L'uomo vestito di rosso non perse tempo
e rompendo ogni indugio sistemò il corpicino all'interno della sua giacca di mon-
tone, bagnandosi così tutta la maglia di
cotone e la cintura dei pantaloni nel tentativo di trasmettere calore a quella creatura, così recalcitrante ad abbandonare la
vita.

Poi frettolosamente, tenendosi ben
chiusa la giacca con le mani, s'incamminò
in direzione della sua casa, posta in alto
all'interno del bosco. Un posto quasi se-
greto, occultato alla vista di chi transitava
nelle vicinanze e raggiungibile solo da chi
ne avesse casualmente imboccato il sentiero. Ci volle una buona ora di cammino
per giungere in vista del lume appeso alla
porta e un altro quarto d'ora per essere
sul punto di aprirla.

Aiutandosi con un braccio e una gamba
l'uomo richiuse il pesante uscio dietro di
se ed immediatamente fu avvolto dal calore di una grande stufa norvegese di colore rosso scuro, che stava in fondo alla
stanza, messa su una specie di gradino in

pietra in bella mostra.

Lo sportello sulla caldaia in vetro termico trasparente, leggermente fumé, per via dei tronchi che vi erano appena bruciati, presentava uno spettacolo iridescente di braci che avevano finito di fare il loro lavoro, ma non avevano ancora perso la loro forza. Bruciavano ancora internamente, emanando un intenso calore fra le pieghe ardenti rosse come la lava di un vulcano, vere e proprie ondate di calore.

L'uomo vestito di rosso non si soffermò a guardare quello spettacolo che normalmente lo affascinava nelle lunghe notti di riflessione, e si avvicinò alla stufa ponendo il corpicino fradicio sul tappeto ed assicurandosi che stesse ancora respirando.

Poi, si dette da fare a riattizzare il fuoco e appena ebbe terminato di riempire la caldaia di nuovi pezzi di legno che subito presero a scoppiettare, si mise a massaggiare la cagnetta con un grosso accappatoio asciutto e profumato.

Terzo Capitolo

IL RISVEGLIO
IN PARADISO

Capitan Brick era nuovamente bambina e stava in mezzo a un cerchio di bambini urlanti. Parevano indiavolati, la guardavano saltellando e ridendo e poi a tratti si avvicinavano e la colpivano con dei lunghi bastoni, poi tornavano a ridere e si guardavano l'un l'altro, come a cercare negli occhi dell'amico un'approvazione per quella crudeltà gratuita che stavano commettendo, Simili a scimmie, si agitavano allontanandosi e avvicinandosi, leggermente chini in avanti, con uno sguardo satanico stampato sul viso. Presi uno per uno non avrebbero mai fatto nulla di simile, ma il gruppo, il desiderio di mettersi in mostra, di dimostrare il proprio coraggio, li aveva scatenati. Non erano più bambini ma scimmie che colpivano il diverso, per dimostrare la propria determinazione e per conquistarsi un posto all'interno del branco.

Ridevano e giù un colpo, poi si allontanavano e poi ancora a ridere e a gridare e giù un altro colpo di bastone e il dolore che aumentava e nella mente di Brick, piccola meticcia che aveva solo amato gli uomini, una domanda: perché? Perché lei provava amore per l'uomo e i suoi cuccioli e loro la odiavano così tanto da picchiarla con cattiveria.

Una grottesca squadra di piccole scimmie urlanti che saltellava senza posa intorno a lei e a tratti giù, un altro colpo. La lingua si era spezzata, un occhio accecato, un dolore improvviso sulla testa, sulla schiena. Il capitano cercava di proteggersi con le sue zampine storte e sgraziate, troppo corte per farlo e i suoi sensi si stavano ottenebrando sotto quei colpi, quando udì la voce del più alto dire senza alcuna pietà: «Dai non vedete che è già morta? Lasciatela a me la finisco e poi la guardiamo bruciare!»

E giù ancora un altro colpo. Fortunatamente la piccola cagnetta non era più in grado di vedere, così non vide la mano che brandiva la spranga di ferro che calava sulla sua testa per il colpo fatale, ne sentì l'odore acre e bruciante del gasolio che le stavano versando addosso. E ancor meno udì la voce di una donna che gridava

«Bambini...bambini, venite a casa, la merenda è pronta!»

Un calcio la fece scivolare nel greto del torrente, informe carogna maleodorante abbandonata dagli uomini... ma non da Dio.

«Ecco - pensò il capitano riavendosi dal profondo sonno - l'incubo era tornato, ancora quei bambini che la picchiavano».

Poi man mano che riacquistava lucidità, cominciò a sentire il migliore profumo che avesse mai sentito, un profumo di cibo. Pane fresco, croccante, appena sfornato, vino, ortaggi e un inconfondibile odore dolciastro che sapeva appartenere a un cefalopode marino di cui era ghiotta fin dalla più tenera infanzia, il polpo.

Aprì un occhio, il sinistro, che secondo l'incubo appena passato avrebbe dovuto essere gonfio e chiuso e che invece, anche se più piccolo del destro per la vecchia ferita, risultò essere funzionante. Poi aprì il destro e stette incredula ad ammirare il colore del fuoco che la stava scaldando. Poi cominciò anche a sentire la dolce melodia di un flauto, niente di elaborato intendiamoci, una semplice canna con dei buchi ricavata tanti anni prima da un indigeno equadoregno, che però emetteva

una musica dolce e vellutata.

Il capitano aprì meglio tutti e due gli occhi, alzò la testa e cercò ruotando il muso di individuare la fonte del suono.

Sbigottita rimase ad ammirare l'uomo più grosso che le fosse mai capitato di vedere. Era grasso, con un paio di pantaloni imbottiti in pelle rossastra e sul torace un' ampia camicia di flanella grigia che fuoriusciva dai pantaloni, a loro volta tenuti su da un paio di bretelle marroni che facevano a pugni con la camicia. Ai piedi portava un paio di stivali sformati e bagnati, enormi come tutto il resto.

L'uomo sedeva a tavola davanti a un bicchiere di vino rosso e suonava il suo flauto appassionato, ma appena vide il capitano muovere la testa smise di soffiarci dentro e si alzò in piedi aumentando ancora la sua imponenza.

Camminando con leggerezza si avvicinò al capitano, e fu in quel preciso momento che Brick ne avvertì l'odore. Rimase colpita dalla strana differenza. Quell'uomo non aveva un odore comune, non che il capitano avesse incontrato tanti uomini nella sua breve esistenza, ma quello, ne era certa, aveva un odore diverso da tutti gli altri che aveva sentito.

La stanza era calda e arredata armoniosamente, la luce del camino e delle candele (stranamente sembrava non esserci la luce elettrica), velava tutto con un manto giallognolo leggermente nebbioso ma accogliente e forse per i colori, forse per gli odori, forse per il calore che usciva dalla stufa, Brick pensò di essere morta e di essere già arrivata in Paradiso.

«Però - ragionò nella sua piccola testolina – allora avevano ragione a dirmi che il Paradiso è bello, chissà, magari fra poco da quella porta entrerà il mio colonnello e avrò di nuovo un padrone e un mare di carezze».

L'uomo vestito di rosso, si sfilò gli ingombranti stivali e fregandosi le mani per la contentezza esclamò con un vocione che non ammetteva repliche:

«Per prima cosa trasformiamo questo piccolo sacco d'immondizia, croste e zecche nuovamente in un cane!» lo disse sollevando la piccola Brick da terra e cacciandola direttamente in un grosso paiolo pieno di acqua tiepida.

Il capitano preso dal terrore (era la prima volta che veniva lavata) si rivoltò digrignando i denti e cercando di azzannare le mani dell'uomo che la stava aiutando.

Ovviamente era più una finta che una vera minaccia, non gli avrebbe mai fatto del male vero, doveva servire secondo le sue intenzioni solo a ristabilire le distanze.

Ma l'uomo esclamò: «Ah, così vorresti mordere me? Adesso ti faccio veder io... Ah, ah..ah» concluse con una grassa risata.

Prese spazzola e sapone e iniziò a strigliare un capitano sotto shock a causa dell'indifferenza dell'uomo per le sue minacce. Rimase pateticamente ad osservarlo con l'unico occhio utile, semi aperto, coperto di schiuma e con una espressione di triste rassegnazione.

In breve fu spulciata e asciugata con un soffice accappatoio di spugna, poi l'uomo vestito di rosso la mise sul tavolo, che per l'occasione aveva avvicinato al camino e in quella luce calda e rossastra guardò il povero capitano, che pareva uscito da un furibonda zuffa e le disse:«Bene, mia piccola cagnetta arrogante e mordace, ora tocca alle tre zecche che hai sulla fronte. Resta ferma, altrimenti questa volta ti sculaccio di santa ragione!»

Poi estrasse dalla credenza la bottiglia dell'olio d'oliva e versò tre gocce d'olio, una per zecca, direttamente sopra il corpo saturo di sangue dei tre pericolosi aracnidi.

«Vedi - aggiunse l'uomo che operava con professionalità e sicurezza, senza sporcare d'olio altre parti del muso – in questo modo, le zecche che respirano attraverso la pelle, verranno in breve soffocate dall'olio e potremo toglierle senza fatica facendole ruotare leggermente. E' un'operazione difficile, perché le zecche possono essere infette da una malattia mortale, sia per l'uomo che per i cani. Un microbo capace di ucciderti in pochi giorni, se l'uomo che estrae la zecca inavvertitamente la schiaccia. Infatti, l'animale sottoposto a questo trattamento può rigurgitare, all'interno del corpo che lo ospita, il contenuto del suo ventre, e a quel punto se c'è l'infezione nel sangue contenuto dalla zecca, è fatta! – e concluse – quindi piccola mia stai calma e buona per almeno una mezz'oretta. Dobbiamo attendere che i ragnacci passino a miglior vita grazie all'olio oppure che diventino talmente tonti da poter essere estirpati senza fatica. Chissà, magari nella prossima vita diventeranno grandi dirigenti d'azienda o strozzini, oppure i ruffiani di qualche potente. Non c'è limite alla maledizione che queste anime si portano appresso. Qualcuno mi ha detto che il direttore di una nota banca di Firenze, dopo morto è stato trasformato in uno di quei bacarozzi neri che spingono una pallina di cacca. Il poverino ha avuto in assegnazione il compito di attraversare una strada statale ad intenso traffico. Purtroppo spingendo la pallina di escrementi arriva più o meno in mezzo al nastro di asfalto e poi viene inesorabilmente schiacciato dalle automobili...ah, ah...ah – un'altra sonora e calda risata accompagna le parole dell'uomo vestito di rosso, che aggiunge con le lacrime agli occhi- pensa, che per beffa il buon Dio lo trasforma ogni volta nuovamente in quel bacarozzo nero e relativa pallina e deve attraversare quella strada, sempre la stessa. Oh, il tutto sta andando avanti da anni, e continuerà così, fino a che quell'anima avrà scontato tutto il male che ha fatto nella sua vita di uomo! Sapessi quanti ne ha fatti piangere e quante famiglie ha distrutto. Pensa che un poveruomo, terrorizzato dai debiti che non riusciva più a pagare si è suicidato dopo aver ucciso moglie e figli...eh, sono cose che si pagano queste...molto care.»

Il capitano, mentre l'uomo parlava e le sue zecche morivano, si era sdraiata a guardare il fuoco, sospirando e ascoltando i discorsi dell'uomo che le dicevano ben poco poiché non aveva la minima idea di che cosa fossero i debiti e le banche, eppure le sembrava che quell'uomo sprizzasse bontà e saggezza da ogni poro della pelle. Per un attimo riuscì addirittura ad immaginare che avrebbe potuto diventare il suo nuovo padrone; ma forse era pretendere troppo.

Poi, ruppe gli indugi, e mentre le fiammelle del camino brillavano nei suoi occhi chiese all'uomo:« Tu che sai molte cose aiutami a capire gli uomini, perché noi li amiamo così tanto e loro ci abbandonano spezzandoci il cuore?»

L'uomo vestito di rosso improvvisamente divenne serio e pensieroso. «Cara cagnolina, rispondere alla domanda che mi fai è difficile. Vedi, gli uomini sono gli animali più complessi e contraddittori che abbiano popolato il pianeta. Alcuni sono cattivi già da piccoli, altri passano un'infanzia normale e diventano cattivi da grandi. Qualcuno invece nasce come illuminato da una luce divina e inizia fin da piccolo a fare del bene, ad aiutare tutti e a trarre un immenso piacere dalla vita. Sembra non essere contagiato dall'egoismo che pervade quasi tutta la specie. Ma c'è di più – continuò l'uomo vestito di rosso - alcuni nascono e sono già dei geni. Inventano formule matematiche, scrivono musiche divine ed immortali, dipingono quadri bellissimi, suonano strumenti musicali, cantano, e scolpiscono statue stupende. Sembrano non appartenere alla moltitudine, eppure fanno anch'essi parte dell'umanità, ciò nonostante ne sono quasi estranei – giunto a questo punto l'uomo vestito di rosso fece una pausa per riflettere e poi continuò - e allora viene da chiedersi, perché tutto questo male che ci circonda? La risposta è lunga e complessa.»

«Si ma io volevo solo capire perché abbandonano noi cani» lo interruppe capitan Brick sconsolata, ben capendo che doveva sorbirsi uno di quei lunghi discorsi come quelli che le faceva anche il suo colonnello inglese.

«Taci, piccola mia! Taci ed impara ad ascoltare. Non c'è modo di farti capire la ragione di quanto accade intorno a te se prima non ti spiego tutto, e cioè il meccanismo complesso che muove l'evoluzione

– altra pausa riflessiva dell'uomo - prima di tutto definiamo che esistono la vita e la morte»

«La morte, e che cosa è?» chiese il capitano incuriosita,

«La morte gli animali non la conoscono, perché sono puri e non hanno bisogno di conoscerla, mentre gli uomini che si credono degli dei e vorrebbero vivere egoisticamente in eterno, sono stati condannati a vivere tutta la vita sapendo che al termine moriranno – disse con enfasi, e continuò - vediamo se riesco a farti comprendere che cosa è la morte. Guarda quel tizzone che brucia nella stufa. E' stato un albero vivo e felice, poi è morto e si è trasformato in un pezzo di legno da camino, che a sua volta bruciando diventerà cenere, è chiaro?»

«No - rispose Brick, - non è affatto chiaro non ho proprio capito che cosa è la morte!»

«Guarda – le disse allora l'uomo strappandole dal muso una delle zecche e ponendola sul tavolo – vedi questo insetto, muove ancora le zampette, è ancora vivo. Guarda ora – e dicendolo dette una sonora manata alla zecca che si trasformò in un dischetto di materia organica schiacciata sulla tavola – questa è la morte, prima muoveva le zampette ora non le muoverà mai più»

«Ma la zecca che fine ha fatto?» chiese la cagnetta con aria triste

«Ecco, brava, qui sta il punto – esclamo l'uomo con veemenza – il punto è: ma dove è andata la zecca. Vedi la zecca, quanto insetto, aveva dentro di se una piccola scintilla di vita, una piccola anima che la costringeva senza alcuna cattiveria a succhiare il sangue degli animali che la ospitavano, ma a sua volta veniva anche mangiata da altri animali, e quindi era inserita nel ciclo della vita. Tutto questo fino a che ha vissuto. Poi una volta morta ha terminato un ciclo e la sua piccola scintilla di vita si è nuovamente riunita alla massa di energia positiva che domina l'universo, poiché nulla va mai perduto»

«Che cosa significa?» chiese ancora il capitano

«Significa - rispose l'uomo - che tutto ha avuto origine da una grande massa di energia positiva che continuamente si scinde in tante piccole scintille che alimentano la vita sulla terra e su tanti altri pianeti dell'Universo.

Pianeti posti così lontani fra loro da essere difficilmente raggiungibili. E ogni pianeta è una creatura vivente che ospita miliardi di creature viventi, tutte animate da piccole scintille di quella energia che gli uomini chiamano Dio. Lo stesso pianeta sul quale vivi tu è parte di quella energia, ed è vivente – spiegò con grande enfasi, l'uomo vestito di rosso, a una cagnetta sempre più frastornata dalla dimensione delle cose che stava sentendo – guarda come il bosco cerca di curarsi dalle ferite che l'uomo gli procura – continuò l'uomo vestito di rosso - guarda attentamente il ciglio di una strada, se non fosse continuamente ri-asfaltato, se non tagliassero continuamente gli arbusti che avanzano ai bordi, in pochi anni la strada scomparirebbe e tutto tornerebbe come prima.

La stessa cosa, ma con altri tempi, la puoi vedere in una tua ferita, quando si rimargina» terminò l'uomo fermandosi a prendere fiato.

«Ma allora a che cosa serve guarire, se l'uomo continua a riaprire la ferita?»

Chiese il capitano dimostrando una logica poco comune per un cane.

«Serve, serve – rispose l'uomo pazientemente, - l'essere umano non vivrà in eterno a meno che non cambi modo di essere e salga molti scalini evolutivi avvicinandosi alla luce. Se continua in questo modo sparirà come tante altre creature che hanno popolato la terra e un altro uomo diverso e certamente migliore riapparirà sul pianeta fra qualche milione di anni, per ricominciare una nuova evoluzione, e a quel punto, quell'uomo nuovo troverà un pianeta completamente guarito privo di ferite e tagli.

Pensa che brutto sarebbe se ogni volta, gli inquilini successivi trovassero i resti di quelli precedenti» terminò l'uomo togliendo delicatamente una seconda zecca dalla fronte di Brick e gettandola nel fuoco con noncuranza.

«Io però la morte continuo a non capirla!» disse il capitano appoggiando il muso sulle sue corte zampine

«Mia dolce amica, tu non capirai mai la morte perché sei un animale, condannato a vivere in eterno»

«Ma come in eterno se poi devo morire?» chiese Brick stupita

«Già è vero, - disse l'uomo pensieroso - anche tu morirai, ma non lo saprai mai. Perché la morte è l'esatto opposto della vita, così come il pieno è l'esatto opposto del vuoto, la luce del buio, la materia rispetto al nulla – poi si fermò un attimo a pensare, e continuò – anche gli uomini potrebbero vivere felici come gli animali se nel loro cieco egoismo non desiderassero di vivere in eterno, cercando di sfuggire la morte.

Per farlo dovrebbero comprendere che la morte è la grande sorella antagonista alla vita, ed è quanto di meglio esista in senso negativo, laddove la vita viene intesa in senso positivo. – L'uomo vestito di rosso, dette queste parole si alzò e si avvicinò alla finestra guardando fuori la neve che cadeva sui pini, poi continuò - il passero sul ramo guarda il sole felice e canta. Un attimo dopo è caduto a terra morto stecchito ma non lo saprà mai, dunque continuerà a cantare in eterno.

Se gli uomini sapessero vivere come si deve, sarebbero felici e continuerebbero a godere in eterno delle meraviglie del pianeta, perché come il passero continuerebbero a cantare fino all'istante precedente la morte, e poiché la morte è l'esatto contrario della vita, non lo saprebbero mai. Cominci a capire mia piccola ospite?»

«Beh, l'idea del passero è suggestiva – disse Brick - allora se Buck, il mio amico Buck morendo guardava il cielo, continuerà a guardarlo per l'eternità?» domandò speranzosa.

«Brava vedo che cominci a capire – rispose l'uomo vivamente soddisfatto – chi mai potrà infatti avvisare Buck che non sta più guardando il cielo? Nessuno, poiché nella morte non esiste alcuna percezione né positiva né negativa, in pratica la morte non esiste. Quando Buck ha cessato di esistere guardando il cielo, la sua scintilla di vita si è riunita alla grande massa originale, pronta ad essere ridonata ad un'altra forma di vita. Perché la vita credimi, capitano, per brutta che ti possa sembrare è proprio un gran dono!»

«Sai, credo che tu abbia ragione – disse a questo punto Brick – anche se avevo fame e freddo, non potevo fare a meno di essere felice quando correvo nel bosco o quando guardavo l'alba o il tramonto, E quando poi trovavo del cibo nelle pattumiere era come un regalo. E sì, ero così felice!»

«Vedi, c'è sempre un modo per godersi la vita, basta volerlo!» Esclamò l'uomo vestito di rosso e così facendo estirpò l'ultima zecca gettandola nel fuoco.

Poi si alzò, prese una ciotola piena di cibo e la pose innanzi a Brick.

Il capitano non poteva credere ai suoi occhi: una ciotola piena di riso bianco e fra un chicco e l'altro, pezzetti di polpo, il cefalopode che amava di più.

La piccola cagnetta mangiò fino a che ce ne fu, poi bevve dei lunghi sorsi di acqua così fresca e buona come non ricordava di averne mai bevuta, infine venne raccolta fra le braccia e in grembo all'uomo seduto innanzi al camino e fra una carezza e l'altra si accorse di essere nuovamente felice.

* * *

CAPITOLO QUARTO

L'UOMO È UNO STRANO ANIMALE

Le mani del suo salvatore le accarezzavano dolcemente la schiena, e in breve una specie di torpore s'impadronì della piccola bestiola che tuttavia si sforzava di ascoltare l'uomo vestito di rosso.

«Ed ora veniamo all'uomo – disse dolcemente lo strano nuovo amico del capitano, mentre la cagnetta giunta ormai al settimo cielo faceva le fusa quasi come un gattino – tu non comprendi perché voi cani li amate e loro vi abbandonano... Tutto cominciò quando la massa di energia che distribuisce le scintille della vita, si rese conto che per spingere avanti qualunque evoluzione positiva occorreva una grande quantità di energia negativa.

In pratica, se tutti gli uomini fossero dei santi, dei San Francesco, dei Gesù, dei Sai Baba eccetera, se tutti fossero buoni e gentili l'evoluzione della specie umana si fermerebbe.

Il male e i cattivi, servono esclusivamente a mettere in moto e a sollecitare il meccanismo dell'evoluzione.

Facciamo un esempio, semplice: se un uomo ti fa del male, come ad esempio i bambini che hanno cercato di ucciderti, tu abbandoni quel posto per cercarne uno migliore e da quel giorno tieni lontano ringhiando minacciosa i bambini di quell'età. Sei cambiata, non ha importanza se in meglio o in peggio, sei cambiata. Lo stesso fanno gli uomini quando vengono colpiti da energia negativa, cioè dal male che si manifesta in moltissimi modi.

Un falso amico, un collega di lavoro traditore, un finto amore, un cattivo genitore eccetera.

Se tu potessi vedere l'umanità dall'alto, scopriresti che i figli migliori, nascono da pessimi genitori.

Il male, infatti, spinge il bene ad evolversi a cercare nuovi spazi, a mettersi in moto.

Tu a questo punto ti domanderai, ma il male che fine fa? – qui l'uomo vestito di rosso fece una pausa, poi riprese – semplicemente ad un tratto finisce e viene riassorbito come le scintille di vita, solo che in casi particolari gli si fanno scontare le cattiverie fatte, in particolare se da quelle cattiverie hanno tratto giovamenti; come la storia del bancario di Firenze di cui ti ho fatto cenno qualche ora fa. Questo perché facendo del male essi hanno potuto godere di una condizione privilegiata rispetto a tutti gli altri. - La loro cattiveria e il loro egoismo li hanno spinti, a spese di tutti, a prendere il meglio dalla vita sul pianeta e per questo, per compensazione vengono nella vita successiva messi a fare il peggio possibile» l'obiettivo è quello di riscattare tutte le anime e alla fine trasportarle nell'energia positiva.

« Per gli uomini, la scelta fondamentale, cioè se stare dalla parte del bene o del male è libera. Si può scegliere di stare meglio prima a spese degli altri, per poi soffrire dopo o viceversa, ma alla fine tutto ritorna in equilibrio.

Per te è semplice comprendere che se il padrone con la quale sei capitata è cattivo, prima o poi ti abbandonerà a soffrire in un bosco, ma mentre tu cercherai di stare meglio, lui si sarà autocondannato a stare dalla parte del male e questo lo porterà a fare esperienze a dir poco infernali...» Dicendo queste ultime parole, gli occhi dell'uomo vestito di rosso ebbero un guizzo ed in essi il capitano vide con sgomento la profondità dell'inferno e la grandezza del paradiso.

«Per questo non te la devi prendere mia dolce cagnolina, se a volte l'uomo è cattivo, mostruosamente feroce; fa parte della sua natura, ma per ogni mille mostri crudeli ne trovi uno buono che vale tutti quei mille messi insieme e ti fa sperare e ti aiuta a vivere felice; ma, apri bene le orecchie, tutto questo vale solo per quelli che non perdono mai la speranza...- disse quasi con un sussurro l'uomo vestito di rosso – solo per quelli che non perdono la speranza...e intanto la voce pareva a Brick allontanarsi...

continua a credere nell'uomo Brick... non perdere la speranza... nella mente del capitano calava finalmente il silenzio di un sonno ristoratore. Pancia piena e carezze, si può desiderare di più?

* * *

CAPITOLO QUINTO

SULLA STRADA NUOVAMENTE

Il risveglio fu a dir poco traumatico. Una fredda acqua cadeva giù dal cielo e Capitan Brick stava tutta bagnata all'interno di un recinto sotto la pioggia insieme ad almeno altri venti cagnetti come lei.

La piccola meticcia si guardò intorno spaesata, tutti stavano ammassati sotto l'unico riparo dalla pioggia, una stretta tettoia spiovente dove numerose ciotole della pappa erano vuote, e l'unica cosa che c'era in abbondanza era il fango misto all'acqua, quella piovana ovviamente, che dissetava molto meno di quella dei torrenti a causa della mancanza di sali minerali, questo Brick lo sapeva anche troppo bene.

Il capitano cercò riparo sotto la tettoia ma un coro di ringhi accompagnò il suo gesto. Evidentemente in quel recinto lei non era né bene accetta né considerata un capo. Era evidentemente l'ultima arrivata, quella in fondo alla scala gerarchica e per prendere il sopravvento o farsi un seguito avrebbe dovuto lottare con cani molto più forti di lei, oppure attendere la stagione degli amori, quando i maschi si sarebbero naturalmente sottomessi alle femmine, ma questo Brick non poteva saperlo non avendo ancora raggiunto la maturità sessuale, quindi si sottomise al resto del branco solo per vivere più serena.

Si distese nel fango sotto la pioggia e si mise ad aspettare sconsolata sperando che accadesse qualcosa.

Il sogno dell'uomo vestito di rosso era stato bello. Ah se fosse vero!! Che bella vita! Cibo, calore, carezze, altro che pioggia e fango. Poi, ad una certa ora, mentre cominciava ad albeggiare, tutti i cagnetti si misero in movimento e in grande agitazione. Qualcuno iniziò ad abbaiare ed in breve tutti, compresa Brick ,abbaiavano, molti senza neppure saper perché.

«Arriva Valerio», gridavano i più vicini alla rete. «Arriva Valerio».

Valerio, quando Brick lo vide, era un uomo dall'aspetto buono con dei dolci occhi marroni sognanti, era alto oltre un metro e novanta centimetri, magro quanto può esserlo un uomo in buona forma fisica e aveva le mani tutte screpolate come se per vivere facesse qualcosa di faticoso. Puzzava di olio di motore e gasolio e Brick pensò che forse riparava quelle micidiali automobili che falciavano inesorabilmente tutti quelli che si facevano trovare sull'asfalto al loro passaggio.

Valerio, portava una sorta di uniforme verde, con un cappello mimetico e sulla spalla destra aveva un corto fucile da caccia con le canne segate.

L'uomo entrò nel recinto, distribuì carezze a chi corse a prendersele e poi riempì diverse ciotole con una sorta di cibo che Brick conosceva più che bene: era quello che le dava al mattino e alla sera il suo caro colonnello, quando era ancora in vita.

La povera cagnetta, secondo le leggi non scritte del branco, non poté fare altro che aspettare che tutti si mettessero a "tavola", poi si avvicinò ad una ciotola cautamente, pronta a ritrarsi se l'avessero minacciata, ma un mezzo barboncino mezzo volpino si spostò di poco per farla entrare e allora si mise anche lei a sgranocchiare i croccantini.

Poi sentì le mani di Valerio che l'accarezzavano. Si voltò verso l'uomo che sembrava intenzionato a diventare il suo nuovo padrone e scodinzolò.

«Ho come stai bella? – le chiese Valerio cercando di guardarla negli occhi, e che sono sti tre buhi sanguinanti che hai sul muso? – poi stette un attimo a pensare e aggiunse – ma hai visto mai, a questa creatura qualcuno ha tolto da poco le zecche! Ma da dove arrivi, chi ti ha portata nel mio recinto?» Brick rimase di sasso:«Come tolte le zecche?- pensò - Ma allora l'uomo vestito di rosso era vero?»

Non fece in tempo a pensare ad altro perché l'uomo che chiamavano Valerio continuò:«Oh piccolina, stamane te mi devi dimostrare che sei buona da scinghiale sennò tu te ne vai a cercare un altro nido. Ci siamo hapiti?»

Brick lo guardò scodinzolando e Valerio disse ancora «Scodinzola, scodinzola finché vuoi, ma o mi servi da cinhialara o te ne vai. Bocche da sfamare ne ho già tante e di hani da salotto a casa ne ho già due e tutti e due tolti dalla strada!»

Detto questo chiamò a se il branco a cui si unì prontamente Brick, e seguito da tutti i cani usci dal recinto e si inoltrò nel bosco. Intanto le prime luci dell'alba andavano intensificandosi e la pioggia, purtroppo, continuava a scendere senza risparmio anche se tutti parevano ignorarla.

Camminarono per due ore buone, aggregandosi ad altri cacciatori di cinghiali come Valerio e ad altri cani. Si potevano ora contare una sessantina di cagnetti tutti di piccola taglia, tutti giovani e scattanti.

D'un tratto, inoltrandosi ancor di più nella macchia i cani fiutarono qualcosa. Anche Brick sentiva odore di selvatico e si mise a seguire una pista che vedeva come una traccia luminescente; istintivamente gli altri la seguirono. Valerio osservò la scena con un interesse crescente, forse la biondina valeva più oro di quel che pesava.

Brick e il resto del branco si infilarono fra le frasche seguendo la pista dell'odore e in pochi minuti raggiunsero una radura. Al centro della stessa, inondato dai raggi del sole, stava un maestoso cinghiale selvaggio del peso di almeno 130 chili. La bestia emise un grugnito terribile e fece tremare il bosco, poi si mise a scalciare scavando il terreno ricoperto di foglie gialle e marce.

«Ed ora che si fa?» chiese il capitano al primo cagnolino del branco che vide nelle vicinanze. «Si va tutti a circondare la belva abbaiando e spingendola verso Valerio e gli altri cacciatori. Se si riesce ad abbattere il cinghiale, questa sera ci sono i sanguinacci per tutti. Mi viene già l'acquolina in gola».

«Ma che cosa sono i sanguinacci?» chiese ancora il capitano al cagnetto.

«Il sangue del cinghiale riscaldato in padella e condensato, tagliato a strisce e gettato nelle nostre ciotole, una prelibatezza che non dimenticherai mai».

A quel punto quello che era il capo branco diede il segnale e tutti insieme i cagnetti si misero ad abbaiare e a spingere il cinghiale verso i cacciatori, al punto che l'animale nonostante avesse forza a sufficienza per ucciderli tutti, uno per uno, cadde in uno stato di confusione mentale e scelse l'unica via disponibile dandosi alla fuga nell'unica direzione possibile: quella che portava diritto ai cinghialari. Quando l'animale li vide era ormai troppo tardi. Il primo dei cacciatori imbracciò frettolosamente il fucile e sparò un primo colpo che sfiorò la testa del cinghiale piantandosi nel tronco di un albero. L'animale allora si gettò disperatamente nella macchia carica di spini di un canalone e scomparve alla vista. Poi la scena si cristallizzò come per incanto. I cani che circondavano la radura impedivano qualunque via di fuga al cinghiale e i cacciatori sapevano che l'animale stava ora accovacciato in un mucchio di spine ed era quasi irraggiungibile. «Accidenti a te e alla tua mira da vecchio avvinazzato – esclamo Valerio rivolgendosi all'uomo che aveva sparato troppo presto e male – ora chi ci va nella macchia a stanare quel satanasso di cinghiale?- chiese Valerio, poi vedendo che nessuno si faceva avanti continuò – va bene, come al solito ci va il vecchio Valerio, ma la prossima volta sparati su un piede, almeno per un po' tutte-nestai a casa invece di venir con noi a sbagliare mira».

Valerio era un cinghialaro vero, una forma di caccia dove ci vuole coraggio e determinazione e quando il cinghiale si infrattava come in questo caso, i cani stavano fuori dagli spini ad attendere ed era necessario un cacciatore coraggioso per snidarlo ed abbatterlo. Per questa ragione il fucile doveva essere corto e potente, per potersi muovere in spazi ristretti come i cespugli di rovi.

Tenendo il suo «canne mozze» vicino alla

testa, il cinghialaro si mise a strisciare sotto gli spini, come quando era militare. Strisciò facendosi largo fra i rovi, mentre il sudore gli colava sugli occhi e l'apprensione aumentava fino a diventare paura.

Dopo pochi metri vide che il canalone scendeva in una forte pendenza e si vedevano le tracce lasciate dal cinghiale. Tutto intorno si era fatto silenzio e Valerio si lasciò scivolare in avanti, sporcandosi di fango dalla testa ai piedi, poi, improvvisamente, si trovò con la testa del cinghiale a pochi centimetri dalla sua. Gli occhi della belva erano come quelli del diavolo in persona.

«Maremma maialaa!! - esclamò Valerio - stavolta me la fa lui la pelle!»

*   *   *

Capitolo Sesto

UN SOGNO NEL CASSETTO

L'uomo dagli stivali messicani stava di nuovo bene, aveva recuperato l'uso di tutte e due le gambe, anche se sapeva che quella caviglia, la destra, non sarebbe più stata la stessa e nemmeno l'altra gamba, che aveva riportato una ferita nella zona frontale della tibia in un punto dove a una certa età le ferite si rimarginano male e restano comunque brutte cicatrici.

In quel momento era pensieroso innanzi al camino e guardava arrostire un pollo.

Fra le molte cose che sapeva fare bene c'era anche quella di saper utilizzare il camino come un barbecue.

Il procedimento era più l'ungo di quanto si possa immaginare, ma alla fine un bel letto di braci rosse ed uniformi venivano distese e potevano cuocere molti cibi nel modo giusto. Pesce e pollo, trattati in quel modo assumevano un sapore eccezionale diventando croccanti e la sua donna andava pazza per il pollo cotto in quel modo.

Era anche l'unico modo in cui l'uomo sapeva cucinare, in tutti gli altri modi lasciava fare a lei che in cucina era una vera e propria maga.

Stavano così vicini e abbracciati, a guardare le braci accese scintillare mentre in tutta la casa si stava diffondendo l'odore del pollo arrosto quando lei ruppe il silenzio:«Sai, stavo pensando...» – disse guardando l'uomo nel profondo dei suoi occhi nocciola.

«A che cosa pensavi amore mio?» rispose lui accarezzandole il volto

«Pensavo che mi piacerebbe andare a cercare una casa dall'altra parte della valle – disse gettando occhiate all'incandescenza della brace, e distogliendo momentaneamente i suoi occhi da quelli dell'uomo che amava, poi continuò – mi hanno detto che c'è molta meno umidità e che gli aretini sono più simpatici dei fiorentini».

«E come fai a sapere che gli aretini sono dall'altra parte della valle?» chiese l'uomo dagli stivali messicani

«Semplice, l'ho letto su questo depliant pubblicitario, guarda c'è scritto che da sempre l'Arno ha diviso fiorentini ed aretini, i fiorentini da questa parte e gli aretini dall'altra. Pare che non siano mai andati molto d'accordo». Concluse la donna mostrando all'uomo il depliant.

Un lampo di disappunto, attraversò gli occhi dell'uomo, ma non fu sufficientemente veloce da non essere percepito dalla donna.

«Che cosa non ti va in questa mia idea?» Chiese immediatamente la donna, temendo di aver detto qualcosa che lo addolorava.

«Sai che mi piace molto questa casa!» Rispose l'uomo dagli stivali messicani, sai che adoro quel terrazzo lassù che guarda su tutta la valle, sembra di stare in un convento di frati cappuccini.»

«Lo so amore, lo so – rispose la donna – ma quando tu non ci sei ed io lavoro, specie d'inverno, non posso mettermi sul terrazzo a disegnare e davanti a me vedo solo quell'odioso muro di cemento della casa del vicino – e continuò – così io e Rum diventiamo tristi e a volte mi ritrovo anche a piangere»

«Perché non mi hai mai detto niente?» - chiese l'uomo con tono di disappunto.

«Perché sapevo che questa casa ti piaceva, sapevo che non ti avrebbe reso felice sentirti dire che io me ne volevo andare» aggiunse la donna con un velo di tristezza negli occhi.

«Senti amore mio - sbottò a questo punto l'uomo – la cosa importante e che tu sia felice, non credo che troveremo un'altra casa bella come questa, ma sicuramente ne troveremo una, però ad una condizione: ce ne andremo solo quando sarò riuscito a coronare il mio sogno di spiccare il volo dal terrazzo per volare nella valle insieme alle poiane», concluse l'uomo dagli stivali messicani tenendo gli occhi fissi in quelli della donna che amava.

«D'accordo - disse la donna, e aggiunse: allora sarà molto presto perché ho scritto una certa letterina a Babbo Natale e se le mie preghiere vengono ascoltate avrai le tue ali». Poi si baciarono appassionatamente mentre la pelle del pollo si dorava nel camino sulla brace. Presto l'avrebbero mangiato leccandosi tutte le dita, in una festa innanzi al camino, felici come solo due innamorati sanno essere. Naturalmente tutto con la collaborazione di un bovaro del bernese che aveva ben in mente l'importanza di un buon pollo ben cucinato!

MOLTO BENE IN MENTE!

* * *

Settimo Capitolo

L'ATTIMO FUGGENTE

Gli occhi di Valerio per un secondo rimasero puntati nelle pupille del cinghiale che sembravano appartenere all'inferno. Uomo e selvaggina rimasero a studiarsi stupiti, fu un secondo lungo quanto tutta l'eternità.

Intanto il cacciatore cercava di sradicare il suo fucile dalla morsa di un groviglio di spine, e il cinghiale cercava di sollevarsi e darsi alla fuga. Dei due ebbe più fortuna il cacciatore che riuscì a portare le canne della doppietta esattamente fra gli occhi del cinghiale con la ferma intenzione di ucciderlo.

A quel punto successe qualcosa d'impensabile. La bestia conscia di essere innanzi alla propria fine si rassegnò continuando a guardare negli occhi il cacciatore che, improvvisamente, non ebbe più il coraggio di tirare il grilletto.

Come nel periodo mesolitico, quando i cacciatori non uccidevano la preda se la stessa li guardava negli occhi.

Rimasero così a guardarsi, sotto il groviglio delle rose selvatiche e delle more, e in quel momento Valerio seppe che la sua storia come cacciatore era finita.

Il cacciatore iniziò a indietreggiare, mentre l'animale lo guardava sempre negli occhi. Non si potrebbe giurarlo, ma sembrava che dicesse «Grazie mi hai lasciato la vita, il bene più prezioso, non lo dimenticherò».

Valerio uscì dall'ammasso di rovi, sfregiato in ogni centimetro del volto e delle mani, praticamente una maschera di sangue.

I cani gli si fecero intorno, quasi a chiedergli «Ma allora! Il cinghiale l'hai preso o no?»

Valerio li guardò pensieroso, poi guardò gli altri cacciatori che attendevano una spiegazione, il suo fucile, il fedele «ferro» lasciatogli dal padre, anche lui cinghialaro, che l'aveva accompagnato tutta la vita. Ci avevano fatto salami, salsicce e bistecche con i suoi cinghiali e tanti trofei che teneva nel salotto. Mai avevano sprecato nulla del prezioso animale, ed erano state mangiate e bevute epiche, fra amici, felici e contenti, ma adesso la storia era finita. Non avrebbe mai più potuto sparare a un cinghiale perché nei suoi occhi avrebbe rivisto quell'anima mai nemmeno immaginata in una belva tanto selvaggia.

Si tolse il berretto, una pesante coppola mimetica e si dette una veloce grattata alla testa quasi calva, come faceva sempre quando era soprapensiero.

Poi aprì la culatta del fucile e la pallottola destinata al cinghiale scivolò fuori cadendo ai suoi piedi. Si chinò a raccoglierla, la guardò, la soppesò e poi la scagliò nella macchia dove immobile stava ancora la vittima a cui era destinata. Immobile, invisibile persino ai cani.

A quel punto Valerio si ricordò della cagnetta bionda, la piccola meticcia che si era ritrovato nel recinto.

Guardò tutti i suoi fedeli cagnetti da caccia, erano diciotto tutti di piccola taglia, adatti a non farsi massacrare dal cinghiale, grazie alla loro dimensione e alla loro rapidità di movimento. Tutti lo guardavano con negli occhi la fatidica domanda:«Ma il cinghiale dov'è? Si mangia o non si mangia il sangue cotto stasera?»

«Oh belli, - sbottò guardando i cani – dove l'è ...ndata la biondina?»

Tutti rimasero a guardarlo con un grosso punto interrogativo dipinto negli occhi.

«Va beh! – esclamò a quel punto Valerio - tanto mi sa che qui finisce la nostra società – e aggiunse - vi regalerò agli amici, che saranno ben contenti di avere dei cani da cinghiale come voi. Però quella biondina mi piaceva!» ciò detto si mise il fucile in spalla e seguito dai suoi cani si mise a scendere verso la valle lasciando gli altri cacciatori di stucco.

Distesa sotto il muschio con le corte zampine sopra il capo capitan Brick stava rannicchiata in preda al terrore. Aveva scoperto di avere il terrore delle armi da fuoco. Quell'unico botto che fortunatamente non aveva colpito nessuno, le aveva fatto perdere il controllo dei nervi.

Se avesse potuto anche solo immaginare che Valerio era arrivato alla fine della sua carriera venatoria, magari si sarebbe fatta rivedere, ma Capitan Brick certe cose non poteva saperle, e così, nel tentativo di evitare una vita di terrore a botti e schioppettate, per praticare la caccia ai cinghiali, si era nascosta nella macchia.

«Meglio soli che male accompagnati», si disse fra sè e sè. Come aveva detto l'uomo vestito di rosso, se una cosa non ti va non c'è rimedio migliore che andarsene. Occorre aver fiducia in se stessi e nella vita!

* * *

CAPITOLO OTTAVO

DI NUOVO SOLA

Capitan Brick vagò tutto il giorno e tutta la notte, concedendosi solo un breve riposo seppellita nelle foglie del bosco, che grazie alla loro lenta putrefazione sviluppavano calore. Al mattino, completamente bagnata, piena di freddo ma ancora in buona salute, decise di credere in se stessa e di cercarsi un padrone.

Raggiunse trotterellando una stretta strada statale che si inerpicava verso la cima di una collina.

Brick non poteva saperlo, ma su quella collina c'era un piccolo paesino, anzi una frazione di quindici case a contarle proprio tutte, chiamata: Poggio alla croce. Era la frazione dove abitava l'uomo degli stivali messicani, insieme alla sua compagna e al grosso bovaro del bernese detto Rum.

Sempre trotterellando il capitano salì fino a poche centinaia di metri dalle prime case, raggiungendo uno spiazzo, dove, pensava lei, avrebbe potuto fermarsi qual-

cuno, qualche possibile padrone da ade-
scare.

Dovette aspettare almeno due ore prima
che si fermasse una macchina. Era una
piccola macchina di colore rosso. Scese
un uomo di circa sessant'anni, ancora riccioluto e bruno di capelli ma con il volto
triste. Al capitano parve una... lampadina
spenta.

Non aveva lo sguardo vivace del suo colonnello o gli occhi dell'uomo vestito di
rosso, oppure da sognatore di Valerio.

A dire il vero quell'uomo non le piaceva,
ma pensò che non aveva scelta. Doveva
tentare. E poi se fosse andata male
avrebbe sempre potuto andarsene.

Intanto, l'uomo, oggetto della sua attenzione faceva una lunga pipì contro un vecchio albero. Appena lo sconosciuto ebbe
finito, la nostra cagnetta uscì dall'erba del
ciglio della strada e si avvicinò al riccioluto. Cercò di essere bella e dolce come
non era mai stata. Mise in mostra un musino affettuoso, scodinzolò, fece capire
all'uomo che avrebbe gradito una carezza.
Lui la ignorò e si mise a togliere alcune
pietruzze dal battistrada delle gomme
della sua macchina, con un cacciavite.

Brick non perse l'occasione e si mise in

mezzo ponendosi proprio davanti alle mani dell'uomo. Lo sconosciuto la osservò seccato, poi le dette una manata, spostandola di lato: «E togliti dalle scatole brutto bastardo!» esclamò con burbera freddezza.

Il capitano non si dette per vinta, continuò a cercare d'intrufolarsi fra le mani dell'uomo che stava trafficando.

L'uomo perse la pazienza, si alzò e disse con tono cattivo «Allora te la sei cercata!», poi partì con un forte calcio che colpì il capitano nelle costole togliendole il fiato. La cagnetta rotolò come un sacco di patate, poi si rialzò, si abbassò con il muso a terra in una sorta d'inchino, poi mugolando si distese a pancia in su, per far capire all'uomo che era sottomessa, che era sua, che avrebbe voluto essere la sua cagnetta.

L'uomo, che evidentemente non amava i cani, si spazientì ancora di più e si avvicinò alla macchina per andarsene. Capitan Brick fu più veloce e appena l'uomo aprì la portiera si catapultò all'interno della vettura.

«Ma sei terribile!- gridò arrabbiato l'uomo – sei appiccicaticcia – continuò – sei una blatta...scendi subito da lì!» gridò, facendo segno a terra con il dito mentre con la sinistra teneva aperta la portiera.

Fu una vera e propria battaglia, ma alla fine l'uomo afferrò Brick per la collottola, scagliandola letteralmente a terra, proprio mentre passava un'altra automobile molto più grande. Brick era troppo impegnata a cercare di risalire sulla piccola vettura dell'uomo riccioluto per vedere l'altra automobile. Ma anche se l'avesse vista, la situazione sarebbe cambiata assai poco. Al volante di quel grosso fuoristrada, c'era l'uomo che aveva salvato tutto il suo gruppo dalla doppietta dei seminatori di trappole e veleni. Purtroppo lei non l'aveva mai visto e quindi non poteva riconoscerlo.

L'uomo dagli stivali messicani, accanto al quale stava seduta una bella ragazza, vide invece, ma solo di sfuggita il capitano. Un piccolo botolo biondo che girava intorno a un'auto rossa, come fosse alla ricerca di qualcosa.

«Dev'essere la sua cagnetta – pensò l'uomo dagli stivali messicani riferendosi al riccioluto – certo che non deve fare una gran vita con quell'uomo, visto che sembra che la voglia lasciare lì – si disse – speriamo non sia il solito disgraziato che abbandona il suo cane per fare le vacanze di Natale in albergo senza problemi. Poi, il suo pensiero ritornò a concentrasi sulla guida e la cagnetta fu apparentemente dimenticata.

Intanto lo sconosciuto riccioluto dal volto triste era riuscito a chiudere fuori dalla macchina Capitan Brick e a ripartire infastidito da quello che considerava uno stupido cane bastardo.

La nostra meticcia rimase seduta sulle zampe posteriori a guardarlo andare via.

«Accidenti - pensò - io ce l'ho messa tutta ma il risultato non è stato un granché. Ho rimediato una sberla, un calcio e sono stata sbattuta a terra. E' proprio difficile avere fiducia in se stessi!»

Passarono ore terribili, ma Capitan Brick non riusciva ad abbandonare quel luogo, in realtà non sapeva più dove andare ed era disperata. Era come se avesse un presentimento, ma mentre si avvicinavano le tenebre della notte fu scossa da brividi di freddo e cominciò a piangere, senza lacrime. Mugolava con una sorta di ...pio...pio. Un'altra notte di dicembre, senza ripari, poteva anche ucciderla. Doveva correre, cercare un terreno morbido nel bosco, scavare fra le foglie marce, nascondersi sotto di esse e se pur bagnata vivere ancora, ma perché e per chi?

Attese ancora, sempre più disperata, e

proprio quando la notte aveva ormai trasformato tutto in una imperforabile barriera senza dimensione, vide due fari, risalire la strada. Era sicuramente un'auto e nell'auto c'era sicuramente un essere umano. Doveva tentare ancora. Doveva!

Attese che l'auto fosse vicina poi si gettò nella luce dei fari provocando una brusca frenata del mezzo che sbandò per non investirla. Il capitano sperava che l'uomo al volante la vedesse e si fermasse.

Purtroppo l'auto rallentò in seguito alla brusca azione dei freni, ma poi riprese a correre e scomparve nell'oscurità.

Ogni speranza era perduta! Capitan Brick, prese la direzione del bosco a testa china, delusa. Si sentiva tradita, da tutti e da tutto, anche da quell'uomo vestito di rosso che le aveva detto di sperare, di continuare a credere.

*   *   *

CAPITOLO NONO

UN'OMBRA NELLA NOTTE

L'uomo dagli stivali messicani e la sua ragazza stavano percorrendo l'ultima rampa di strada in salita, prima del piccolo cavalcavia che con una svolta portava alla loro casa: una villetta a schiera, dove vivevano da oltre un anno.

D'un tratto nella luce dei fari si stagliò il corpo di un piccolo cane che correva.

Fu un attimo, ma l'apparizione sorprese l'uomo che fu costretto a frenare violentemente.

«Hai visto – chiese alla sua compagna – sembrava proprio la stessa cagnetta che abbiamo notato questa mattina. Quindi non aveva un padrone o se l'aveva... avrebbe dovuto andarsene da ore, perché è rimasta qui? Non sarà per caso stata abbandonata?» Concluse parlando con un tono fortemente preoccupato.

«Potrebbe essere lei, - rispose la donna - ma anche se fosse sarebbe solo uno dei tanti cani abbandonati che abbiamo visto aggirarsi da queste parti - aggiunse - sono decine quelli che vengono abbandonati dai cinghialari. E poi - disse voltandosi verso l'uomo - dove la metteremmo, abbiamo già Rum...» concluse, lasciando intendere che aveva capito l'idea che andava formandosi nella mente del suo compagno.

Fermarono l'auto di fianco alla casa e l'uomo dagli stivali messicani, lasciò che le sua ragazza e Rum passassero oltre il cancelletto in ferro della zona condominiale, per avviarsi verso il loro giardino, poi esclamò: «Accidenti io vado a vedere, quel cagnetto mi preoccupa», ciò detto si calò il Borsalino di cui andava molto fiero sulla testa e nonostante la notte e il vento freddo si mise a camminare in discesa verso il bosco, ripercorrendo la strada che aveva appena fatto con l'auto.

Ma, come sempre, fra il dire e il fare c'è di mezzo il mare, così dopo poche decine di metri, superato il cavalcavia, si trovò immerso nel nero della notte: nessuna luce, nessuna indicazione su dove mettere i piedi.

Prese ad avanzare prudentemente un passo dopo l'altro, facendo attenzione a non scivolare e dopo poco sentì i suoi piedi affondare nel terreno morbido del bosco. «Accidenti a me - pensò – potevo starmene al caldo davanti al camino, invece eccomi qui al buio a rischiare un'altra gamba o peggio, per cercare un cane che non so nemmeno dov'è. Magari se n'è già andato, è tornato a casa sua, e io qui nel bosco a fare il fesso».

Si chiese che nome poteva avere quel piccolo cane e gli venne in mente Brick. Allora iniziò a chiamarla:« Brick...Brick vieni, ehi Brick, vieni qui, dai, non mi far penare. E poi con questo buio comincio ad aver anche paura. Maledizione alla mia testaccia – gridò al vento l'uomo dagli stivali messicani, aggiustandosi il cappello sulla testa - ma poi perché l'ho chiamato Brick? E se fosse Buck, boby, dudu, flick, zap, pallino...perché proprio Brick? - si chiese esterrefatto - Mah, che serata strana, per la prima volta nella mia vita mi addentro da solo in un bosco, nel buio più totale, alla ricerca di un'ombra e la chiamo Brick. Devo proprio essermi fumato il cervello» concluse. Ma dopo un attimo chiamò ancora «Brick,...vieni Brick» poi stette ad ascoltare i rumori nel vento, un uomo solo, inghiottito dalle tenebre. Faceva talmente buio da non vedere nemmeno la punta dei suoi piedi.

Stette parecchi minuti in silenzio, poi, d'un tratto, gli sembrò di sentire un lontano ticchettio; poi ancora silenzio e nuovamente il ticchettio che si avvicinava. Poi finalmente capì, erano le unghie del cagnolino che si avvicinava probabilmente attraversando la strada asfaltata poco distante. Con la fantasia immaginò il cagnolino avvicinarsi e annusargli gli stivali. Stette fermo come una statua. Intuì quanto stava accadendo esclusivamente dai rumori perché, come già detto, non si vedeva nulla.

A questo punto, l'uomo dagli stivali messicani, che per l'occasione indossava proprio i migliori Don Qujote a sua disposizione si volse nella direzione della luce posta in alto sopra il cavalcavia. E prese a camminare mentre le borchie portasperoni che adornavano la tomaia emettevano il caratteristico suono, tipico dei film western.

«Dai Brick - disse ancora a bassa voce – seguimi che ti porto a mangiare qualcosa di caldo», poi si fermò per ascoltare i rumori e avvertì nuovamente il ticchettio.

«Robe da matti – pensò - sembra che questo cagnolino mi stia seguendo davvero». Poi finalmente arrivò alla luce, ma era una lampadina al risparmio di quelle che l'amministrazione pubblica installa proprio perché non si dica che lì non è ancora arrivata la civiltà. A quella fioca luminescenza, uomo e cane finalmente si guardarono.

Capitan Brick guardò l'uomo dagli stivali

messicani di sfuggita, cercando di non fissarlo negli occhi in segno di sottomissione, poi abbassò lo sguardo sulle borchie lucenti e sugli stivali che avevano una punta molto affusolata.

L'uomo, dall'alto, non si chinò nemmeno. Provava un forte disagio perché l'animale era molto sporco, poteva essere malato, ma ciò nonostante riprese a camminare, sperando in cuor suo che il cagnolino a quel punto se ne andasse. Non aveva la minima idea di che cosa avrebbero detto e fatto la sua compagna e Rum, il grosso bovaro del bernese. Ma capitan Brick non mollò la preda. S'incollò letteralmente a quegli stivali messicani, sperando che l'uomo non le desse un calcio e non la lasciasse fuori dalla porta al freddo. Invece lui la portò o meglio si lasciò seguire fino al giardino e poi anche oltre la porta di casa. Brick non poteva saperlo, ma quegli stivali avrebbero segnato la cadenza dei suoi passi nei prossimi 15/20 anni. E lei non li avrebbe mai più abbandonati.

L'ingresso in casa fu particolare, la compagna dell'uomo dagli stivali messicani stava china reggendo con una mano la ciotola del cibo di Rum e tutto si cristallizzò. L'uomo si fermò, la donna si alzò in piedi guardandoli. Capitan Brick prese ad avvicinarsi tremante alla ciotola con il cibo.

*questa è una storia vera, veri sono quasi
tutti i personaggi, compresa Krarak, che
visse per almeno due anni libera nei boschi
del Valdarno e finì sulle cronache locali*

Che cosa avrebbe fatto quel cane 10 volte più grande di lei?

Continuò ad avanzare, aveva fame, la ciotola era sempre più vicina. Il silenzio totale, una posizione di stallo. Uomini e animali erano tesissimi.

Rum, vero perno intorno al quale girava tutta la scena, aveva smesso di mangiare e guardava Brick che avanzava. Poi quando la cagnetta fu a pochi centimetri dalla ciotola il grande bovaro fece un passo indietro, sedendosi sulle zampe posteriori. Bastò quel semplice regale gesto e l'atmosfera si distese, Brick prese a mangiare gli avanzi nella ciotola e l'uomo esclamò rivolto alla donna «Hai visto, le ha lasciato il cibo. E' grande il nostro Rum!»

Fu così che capitan Brick trovò una famiglia vera che non l'avrebbe mai più lasciata.

* * *

EPILOGO

Era una mattina fredda, la neve scendeva da ore e aveva trasformato tutto il paesaggio in un panettone bianco e morbido, ma da qualche ora e cioè dallo spuntare del sole il cielo bianco si era aperto lasciando intravedere ampi squarci d'azzurro.

Nella piccola frazione in cima alla collina non c'era ancora anima viva e il silenzio regnava sovrano.

Fu Capitan Brick, che con il suo orecchio allenato da mesi di vita selvaggia, sentì il primo rumore sospetto, uno scricchiolio, forse il raspare di un tasso sulla porta d'ingresso.

Poi vide la porta socchiudersi con uno schiocco e proprio mentre stava per dare l'allarme spuntò nella fessura un viso che lei conosceva bene.

Era il suo salvatore, l'uomo vestito di rosso; con la barba sempre bianchissima come la neve, gli occhi dolci e azzurri come il cielo. Era tutto vestito di rosso, come al solito, con un pesante giaccone stretto ai fianchi e un cappuccio foderato internamente di pelliccia bianca che sbordava mischiandosi alla barba.

Alla cintura portava una grossa fibbia e a lato un sacchetto di pelle che sembrava ricolmo di oggetti e molto pesante.

L'uomo vestito di rosso, fece a Brick l'occhiolino e un segnale di silenzio, portandosi il dito indice alla bocca.

La cagnetta prese ad uggiolare di gioia e si avvicinò bassa, bassa, quasi strisciando, poi quando lui le fu vicino lei si sdraiò a pancia in su dimostrando una totale sottomissione e gioia di rivederlo.

«Ciao piccola – le disse l'uomo, che continuava ad avere un odore completamente diverso da tutti gli uomini che il capitano avesse mai incontrato - come stai - continuò sempre sussurrando - hai visto che avevo ragione a dirti di non perdere mai le speranze. Ora una famiglia ce l'hai anche tu e che famiglia... Qui l'amore si taglia con il coltello, ed è talmente spesso da non lasciare nemmeno un piccolo spazio in casa per gli gnomi dispettosi».

In quel momento giunse sulla scena anche Rum, che si era svegliato ai primi uggiolii del capitano.

«E tu chi sei - chiese il bovaro all'uomo vestito di rosso - e che odore hai?» «Quello che sono, non ti direbbe nulla - gli rispose Babbo Natale - ma ciò che conta e che ti ho portato un bel regalo perché sei stato molto buono ad accogliere il Capitano nella tua famiglia».

«Ma se ci divertiamo come pazzi - esclamò il cane con il suo grosso nasone nero - e poi perché avrei dovuto cacciarla?» concluse guardando Babbo Natale negli occhi.

«Ecco questo è il tuo regalo» disse l'uomo vestito di rosso, sfilando dalla sporta che portava alla cintura un grosso osso, ricavato dalla spalla di un bovino e porgendoglielo.

Rum guardò quell'osso come se avesse innanzi a sè un miraggio. Era il più bell'osso che avesse mai visto, lo serrò fra i denti e si sdraiò sul suo divano preferito a rosicchiarlo, dimentico di quello che stava accadendo in casa.

«Ora veniamo a noi! - esclamò sempre a bassa voce Babbo Natale, mentre Brick lo guardava curiosa appoggiata alle gambe posteriori, - ho qui un regalo che farà contento anche il tuo padrone», disse iniziando a sfilare dalla sporta un oggetto che man mano che usciva diventava sempre più grosso, fino ad assumere le dimensioni di un deltaplano. Anzi per la precisione era un bellissimo deltaplano rosso, bianco e blu con tutte la carte in regola, tutto impacchettato solo da montare.

Brick, non poteva credere ai suoi occhi, quell'uomo era un mago che riusciva a trasformare le cose piccole in grandi e viceversa. Poi gli vide cacciar fuori dalla sporta una cuffietta di lana, di colore azzurro, contornata di pizzo bianco.

«Questa, quando si sveglia la tua padrona fagliela trovare sul letto. Il mio regalo lo porta nel ventre, stai pur certa che lei capirà».

Capitan Brick fece un cenno di assenso per dire che aveva capito. Poi l'uomo vestito di rosso si chinò fino ad avvicinare il suo viso a quello della piccola meticcia e dopo un'altra strizzatina d'occhio le fece una grande carezza arruffandole il pelo sulla testa. Capitan Brick si alzò sulle gambe posteriori per fare un gesto di grande felicità, ma squilibrata com'era con quelle gambe corte e storte, perse l'equilibrio e cadde all'indietro. Fu questione di un attimo, sentì la sua fragorosa risata, il tempo di voltarsi e Babbo Natale era già scomparso. La porta richiusa, qualche scheggiolina di ghiaccio che volteggiava nell'aria cadendo. Tutto finito.

Rum rosicchiava il suo osso e Capitan Brick si accorse che per lei non c'erano regali di sorta. Accidenti – pensò – non mi sarebbe mica dispiaciuto un osso come quello di Rum. Poi si rannicchiò nuovamente vicino al camino e avvolta nella sua amata copertina si riaddormentò felice, forse il suo regalo l'aveva già avuto quell'anno, e che regalo.

Fu risvegliata da un urlo di gioia sovrumano: Amore!!! Un deltaplano!!!, Babbo Natale mi ha portato un deltaplano!!!- urlava l'uomo dagli stivali messicani, con quanta voce aveva in gola, preso da una gioia incontenibile, saltellando a destra sinistra vestito dei soli boxer e a torso nudo.

«Buon Natale» gli arrivò dall'alto e dalla voce argentina della sua compagna.

«Buon Natale a tutti quanti».

Capitan Brick improvvisamente si ricordò della promessa fatta all'uomo vestito di rosso, cercò la cuffietta. La strinse fra i denti e si mise a fare le scale con molta attenzione perché aveva imparato da pochi mesi a farlo e non era ancora molto sicura di se.

Balzò sul grande letto matrimoniale scodinzolando e offrendo alla sua padrona il singolare dono. La donna guardò la cuffietta con una strana espressione negli occhi, stava certamente domandandosi da dove arrivava, quando fu assalita da una forte nausea che la fece correre in bagno. Capitan Brick, rimase di stucco.

«Ma come! – pensò - l'uomo vestito di rosso mi aveva detto che lei avrebbe capito, e invece è andata in bagno a vomitare?».

In quel mentre la donna rientrò nella spoglia camera da letto in stile coloniale e guardando capitan Brick disse a bassa voce e portandosi l'indice alla bocca: «Shhhh! Non dire niente al papà, gli faremo una grossa sorpresa. Sai Capitano, mi hai fatto il più bel regalo della mia vita. Non lo dimenticherò».

La cagnolina stava ancora cercando di mettere insieme i quadretti del puzzle, quando giunse, come una valanga, l'uomo dagli stivali messicani.

«Dov'è!!! – gridava – dov'è!!!».

«Dov'è che cosa?» - chiese la donna con una luce divertita negli occhi.

«Dov'è la mia tuta termica da sci - chiese l'uomo aprendo le ante dell'armadio degli abiti poco usati, quelle in alto, con due porte di legno verniciato che arrivavano fino al soffitto.

«E' li dentro, dietro il giubbetto da motociclista - disse la donna e domandò - ma che cosa intendi fare?»

L'uomo dagli stivali messicani si volse verso di lei e guardandola con quella strana luce negli occhi che aveva quando non era disposto ad ammettere alcuna alternativa o contraddizione esclamò:« Volare donna..., - e dopo una pausa ad effetto - ...volare. Ora, subito!!! Aspetto da tre anni questo momento, da quando ho visto questo terrazzo e questi 70 chilometri di cielo libero e ora voglio godermeli tutti».

«Ma fa freddo – cercò di obiettare la donna – fa freddo e non sai ancora volare con quel coso».

«Primo, quel coso è il più bel deltaplano del mondo - rispose l'uomo mentre trafficava per chiudere la cerniera della spessa tuta integrale da sci - secondo, vola come tutte le cose che volano e io so far volare un aereo, quindi!» –

Ciò detto l'uomo scese a due scalini per volta la scala per andare a prendere il deltaplano e mentre risaliva sempre a due scalini per volta con tutto il peso appoggiato sul torace ebbe occasione di vedere il Capitano che lo guardava con curiosità.

«Tu che fai capitan Brick? - le chiese - stai qui con la fanteria o vieni con me?».

Il capitano rispose alzandosi sulle zampe posteriori e scodinzolando.

«Ok! – esclamò l'uomo – arruolata come navigatore, ti sistemerò nel marsupio».

Faticarono un po' tutti insieme per sistemare il «coso», ma dopo un'oretta abbondante erano pronti. L'uomo chiuso nella tuta con casco occhialoni e guanti, Capitan Brick ben al calduccio in un marsupio imbottito e con solo la testa fuori.

In quel momento l'uomo dagli stivali messicani volse i suoi occhi un po' preoccupati verso la sua compagna. Si trattava di fare tre passi e spiccare il volo, ma se quelle ali non portavano a sufficienza, si sarebbero spiaccicati nel giardino, tre piani più in basso e magari sulla cancellata di ferro.

La donna guardò gli occhi del suo compagno e vi lesse la determinazione nonostante la paura.

Il cielo era per metà azzurro e per metà bianco e saturo di neve, sia l'alito di Capitan Brick che quello del suo padrone uscivano condensandosi come nuvole di vapore.

La donna volse la testa a guardare Rum

che osservava il tutto in un silenzio quasi distaccato.

Poi diede una solenne pacca sulle natiche del suo uomo e disse: «Allora voli o scendi a fare colazione?»

«Pronti?!» – gridò al vento l'uomo dagli stivali messicani.

«Prontissimi!» - pensò Capitan Brick, emettendo un sonoro «barck» di accompagnamento.

«Uno, due e tre!!!»– urlò l'uomo e fece i fatidici tre passi. Per un attimo parvero tentennare nel vuoto, poi con uno strattone l'ala prese il vento e iniziarono a planare acquistando velocità. Subito furono colti da una corrente ascensionale e l'uomo azionò gli alettoni deformando l'ala del deltaplano e impostando una virata verso destra.

Lo spettacolo era esaltante anche se il gelo tagliava come un coltello le poche parti esposte. Settanta chilometri di casette imbiancate dalla neve, di boschi, di comignoli fumanti. Sempre più in alto, mentre in fondo alla valle scorreva pigro il grande fiume. Presto furono attorniati dalle poiane che emettevano il tradizionale e stridulo grido di battaglia. Uomo aquila circondato da aquile «Questa si che è vita!

– urlò l'uomo azionando i comandi per una virata a sinistra, e aggiunse pervaso dall'euforia – in barba a tutto il mondo!!!». «In barba a tutto il mondo - gli fece eco Capitan Brick - questa si che è vita!!!»

In basso, molto più in basso, il vecchio CKCS alzò gli occhi al cielo per guardare lo strano uccello che volteggiava in mezzo alle poiane.

Fece tremolare i suoi baffi brinati e brontolò «Mah, è proprio vero che non si finisce mai d'imparare.

Ma chi saranno quei pazzi che volano la mattina di Natale e con venti gradi sotto zero?»

Poi si rimise in marcia per raggiungere casa.

Un alito di vento nato chissà dove gli fece arruffare i folti peli del muso. Il cane guardò nuovamente verso l'alto, ma lo strano uccello natalizio era scomparso o forse... era solo coperto dalla luce accecante del sole.

Un vecchio cane accetta tutto con filosofia, lui alzò la zampa e fece una pisciatina, la decima di quel mattino.

(N.d.a. Quando leggerete questa storia probabilmente i suoi protagonisti saranno già tutti scomparsi, resterà il loro amore: per la vita, per la natura, per la libertà. Qualcuno dirà che i cani non parlano...ma è sordo?)

www.ingramcontent.com/pod-product-compliance
Lightning Source LLC
Chambersburg PA
CBHW070135290526
45789CB00011B/1957